Interaction

Révision de grammaire française

Sixième édition

WORKBOOK / LAB MANUAL

Susan St. Onge
Christopher Newport University

Ronald St. Onge
College of William and Mary

Katherine Kulick
College of William and Mary

THOMSON
™
HEINLE

Australia Canada Mexico Singapore Spain United Kingdom United States

THOMSON

HEINLE

Interaction
Sixième édition
Workbook/Lab Manual
St. Onge / St. Onge / Kulick

TEXT/REALIA CREDITS

p. 10: Euro chart, courtesy of Ministère Français de l'Economie, des Finances et de l'Industrie; **p. 39:** Le Franglais, *Chez Nous* Magazine, © Scholastic, Inc.; **p. 64:** L'information de 60 millions de françaises, courtesy of Ministère Français de l'Economie, des Finances et de l'Industrie; **p. 81:** La critique du cinéma, courtesy of *Pariscope*; **p. 82:** Star Wars, courtesy of *Pariscope*; **p. 83:** Spider-Man, courtesy of *Pariscope*; **p. 99:** SNCF: Grandes Lignes, courtesy of SNCF; 111: Les séjours linguistiques, courtesy of *Phosphore* Magazine; **p. 112:** CUEF, courtesy of Centre Universitaire d'Etudes Françaises, from *Journal France Amérique*, 30 mars-5 avril 2002; **p. 127:** La francophonie en chiffres, © *Le Figaro, Journal France Amérique*; **p. 129:** Burkina Faso, Données encyclopédiques, © *Hachette* Multimédia / *Hachette* Livre, 2001; **p. 145:** "Bienvenue en Tunisie", courtesy of *8 à huit*

PHOTO CREDITS

p. 127 top: Photo from Index Stock Imagery, Artist: Zeta Visual Media, Germany;

Printed in the United States of America.
2 3 4 5 6 7 8 9 10   06 05 04 03

For more information contact Heinle,
25 Thomson Place, Boston, MA 02210 USA,
or you can visit our Internet site at
http://www.heinle.com

For permission to use material from this text or product contact us:

Tel	1-800-730-2214
Fax	1-800-730-2215
Web	www.thomsonrights.com

ISBN: 0-8384-0610-6

Table des matières

To the Student

Dear Student

The *Interaction* Workbook / Lab Manual and its Answer Key are an important and integral part of the *Interaction* program designed to assist you in developing proficiency in French. Together, the textbook and workbook provide a balanced approach to the development of speaking, listening, reading and writing skills in French.

In particular, the workbook expands upon the textbook by providing additional, independent opportunities for you to apply what you are learning in the classroom. Thematically linked to the corresponding chapter of the textbook, each chapter in the Workbook/Lab Manual provides additional opportunities to practice the vocabulary, functions and structures presented in the textbook.

Through the **Activités orales** portion of the workbook, and the recordings, you will improve your listening comprehension skills. The **Activités orales** section offers a series of activities which demonstrate a controlled progression—beginning with very structured listening activities and culminating in natural (unscripted) conversations of native speakers. Thus within each chapter you will gradually build your understanding of key concepts and bring it all together at the end of the chapter by listening to real-world conversations—much as you might hear if you were in a French-speaking country.

The **Activités écrites** portion of the workbook provides much needed practice and support for the development of writing skills in French. Each chapter includes structured activities, designed to reinforce specific grammatical concepts and vocabulary, more open-ended questions to encourage creativity and self expression in your writing, and culminates with a carefully guided longer writing assignment. The final writing assignment in each chapter is supported by *Système-D Writing Assistant* software which emphasizes the process-writing approach. Along the way, each chapter also includes an authentic cultural text—as the basis for one or more activities—offering up-to-date cultural information.

Together with the *Interaction* textbook, the systematic support provided by the Workbook/Lab Manual, will enable you to successfully reach your goal of developing proficiency in French and, in the process, we think that you'll find the experience an enjoyable one.

Bonne Chance!

Katherine Kulick

Chapitre 1

Le commerce et la consommation

Activités orales

Perspectives

CD1-2 **A.** **Pour préparer un repas.** Listen carefully to the following conversation between Marc and Anne-Marie, his French friend. Then indicate whether the statements below are true or false by writing "**V**" **vrai** (*true*) or "**F**" **faux** (*false*) next to each statement. You may listen to the conversation as many times as necessary.

_____ 1. Marc et Anne-Marie ont besoin d'aller au supermarché parce qu'ils vont dîner chez Anne-Marie ce soir.

_____ 2. Marc propose de commencer le repas par une quiche.

_____ 3. Ils vont acheter beaucoup de provisions au supermarché.

_____ 4. Avec le poulet, Marc va préparer des pommes de terre.

_____ 5. D'habitude en France, on mange la salade avant le plat principal.

Vocabulaire actif

CD1-3 **B.** **Un dîner français.** Your French class is planning an authentic French dinner. One member of the class has prepared a questionnaire to determine people's food preferences. Tell whether you like or dislike each food item or drink mentioned.

> **MODELE** YOU HEAR: Est-ce que tu aimes le poisson?
> YOU SAY: *Oui, j'aime le poisson.*
> OR *Non, je déteste le poisson.*
>
> YOU HEAR: Et le porc?
> YOU SAY: *Je déteste le porc.*
> OR *J'aime le porc.*

(Items 1–5)

CD1-4 **C.** **Un petit test sur l'alimentation.** For each food or drink given, name the food group to which it belongs. Choose from the list of food groups given below.

les fruits	les poissons et les fruits de mer	les légumes
les produits laitiers	les viandes	les volailles

> **MODELE** YOU HEAR: les ananas
> YOU SAY: *les fruits*

(Items 1–10)

CD1-5 **D. Faire les courses.** Although supermarkets are available, many French people prefer to buy their food in small neighborhood shops. In which shop is each of the following foods available? Choose from the following list.

la boucherie   la boulangerie   la charcuterie
la crémerie   l'épicerie   la pâtisserie

MODELE   YOU HEAR: du beurre
           YOU SAY: *On achète du beurre à la crémerie.*

(Items 1–10)

CD1-6 **E. Samedi matin.** Anne-Marie explains to Marc the importance of open-air markets in France. Listen carefully to the passage that will be read three times. During the first reading, listen to the text—but do not write. During the second reading, fill in the blanks with the words that you hear. Finally, during the third reading, check your work and fill in any words you may have missed.

On _____ bien le samedi dans les _____ et les villages de France. C'est un _____ de marché. Le matin, les _____ apportent leurs marchandises sur la place du marché. Bientôt, les _____ arrivent. Ils _____ la qualité et le _____ des produits et marchandent avec les _____. On _____ trop dépenser, n'est-ce pas?

Structures

CD1-7 **F. A la boulangerie-pâtisserie.** Listen carefully and complete the following conversation between Christine and Monsieur Jacques, the baker. The conversation will be heard three times. The first time you hear the conversation, listen carefully but do not write. During the second reading, fill in the verbs that are missing. During the third reading, check your work and fill in any words that you may have missed.

M. JACQUES: Bonjour, mademoiselle.

CHRISTINE: Bonjour, Monsieur Jacques. Mme Jacques et les enfants ne _____ pas au magasin aujourd'hui?

M. JACQUES: Si, bien sûr, mais Mme Jacques _____ des pâtisseries en ce moment, et les enfants _____ des courses. Le samedi nous _____ besoin de beaucoup de mains.

CHRISTINE: Eh bien, j' _____ besoin d'un grand pain et d'une baguette, s'il vous plaît.

M. JACQUES: Voilà, mademoiselle, un grand pain et une baguette. Et avec ça?

CHRISTINE: J' _____ envie d'acheter des croissants pour le petit déjeuner de demain. Ils sont frais?

M. JACQUES: Ah oui, mademoiselle. Mais si c' _____ pour manger demain, _____ les croissants dans un plastique.

CHRISTINE: C' _____ une bonne idée. _____- moi donc quatre croissants.

M. JACQUES: Voilà, mademoiselle. Vous _____ les pâtisseries? Elles _____ bien fraîches!

CHRISTINE: Tout ça _____ délicieux, bien sûr. Mais je _____ à la tentation. Non,

c'est tout pour aujourd'hui. Je _____ qu'il y _____ de la place dans mon

filet pour les croissants, la baguette et le grand pain. Au revoir, Monsieur Jacques. Bonjour à

Mme Jacques.

M. JACQUES: Au revoir, mademoiselle.

CD1-8 G. Le dîner français (suite). You are assigning duties for the French class dinner. Tell the following person or persons to carry out each task. Listen carefully to the auditory cue for each task.

> **MODELE** YOU SEE: Louise
> YOU HEAR: acheter du fromage
> YOU SAY: *Louise, achète du fromage!*

1. Monique et Simon
2. Yves
3. Georges
4. (votre professeur)
5. Chantal et Maurice
6. Marguerite

CD1-9 H. Le week-end prochain. Marcel and his mother are discussing his routine and that of his friends. Each time his mother asks if someone does something on a regular basis, Marcel says no, but the person is going to do it on the upcoming weekend. Play the role of Marcel.

> **MODELE** YOU HERE: Est-ce que tu dînes souvent en ville?
> YOU SAY: *Non, mais je vais dîner en ville ce week-end.*

(Items 1– 6)

CD1-10 I. Les préférences. You have just conducted a survey on the food preferences of the following people. Using the notes that you took, reconstruct their answers in full sentences.

> **MODELE** YOU HEAR: Est-ce que Paul préfère le bœuf ou le jambon comme viande?
> YOU SEE: Paul / préférer / le bœuf
> YOU SAY: *Paul, il préfère le bœuf comme viande.*

1. Solange / préférer / le jambon
2. Gustave / adorer / les aubergines
3. Richard et Marthe / détester / le chou-fleur
4. Claudine / détester / les oignons
5. D'habitude, Vincent / commander / des pommes de terre
6. D'habitude, Lisette et Sylvie / commander / du poisson
7. Eugène / acheter rarement / de l'eau minérale
8. Corinne et André / manger / très peu de pain

Pratique

CD1-11 J. You are doing a summer internship in France in a small family-owned business. When you return from lunch you find a message on the answering machine. Write down the message for your employer. Be as detailed as possible.

Télé-Pratic

Le _____ à _____ heures _____

Pour M _____

_____

_____

Pendant que vous n'étiez pas là,

M _____

_____

_____

_____

Tél. _____

a téléphoné ❏   est passé(e) vous voir ❏

    demande de le (la) rappeler ❏

    vous rappellera ❏

    désire un rendez-vous ❏

    a laissé ce message: ❏

_____

_____

_____

_____

_____

Compréhension des conversations quotidiennes

CD1-12 **K.** **Un régime raisonnable.** Three friends are discussing dieting. Listen carefully to the conversation. Then select the best answer from among the choices provided. Reading the instructions first will help to focus your listening.

Circle the eating plan that Janine follows on her diet. Circle any complaints that she has. Underline the eating plan that Bertrand follows on his diet and any complaints that he has. Draw a box around the eating plan that Nadine follows on her diet and any complaints that she has.

Diets

(a) only meats and protein

(b) only fruits

(c) a balanced diet – moderate portions of everything

Complaints, if any

(a) no complaints

(b) diet is boring

(c) s/he feels tired and hungry all the time

CD1-13 **L.** **Le secret de ma recette préférée.** You will hear a conversation in which Gaston explains his favorite recipe to Etienne. Read the questions first. Then listen carefully to the conversation. Finally, answer the questions.

1. What is Gaston's favorite recipe?

   _____

   _____

2. Name four of the ingredients necessary for the recipe.

   _____

   _____

3. There are three secrets to Gaston's success with the recipe. One is related to shopping, one has to do with the special ingredients that he adds, and the third involves the process of preparation. What are the three secrets?

   FIRST SECRET _____

   _____

   SECOND SECRET _____

   _____

   THIRD SECRET _____

   _____

Activités écrites

Structures et Vocabulaire actif

A. Au supermarché. Complétez les paragraphes suivants par la forme convenable des verbes entre parenthèses.

De nombreux Français (acheter) _____ des produits de base au supermarché, car ils (préférer) _____ acheter le pain, la viande et les produits de qualité chez les petits commerçants. C'est samedi après-midi et nous (accompagner) _____ la famille Dumont à Carrefour.

D'abord, nous (chercher) _____ une place sur le parking et ensuite nous (trouver) _____ un chariot. Nous (entrer) _____ dans l'hypermarché Carrefour et les enfants (chercher) _____ tout de suite le rayon où on (acheter) _____ des boissons comme l'Orangina et le Coca. M. Dumont (pousser) _____ le chariot pendant que sa femme (jeter) _____ des paquets dedans. Ils (acheter) _____ du fromage, des produits en boîte, de la farine, de l'huile, etc. Les Dumont (manger) _____ souvent de la viande accompagnée de légumes, le tout suivi d'un plateau de fromages. Ils n'(oublier) _____ pas d'acheter des fruits, et les enfants (demander) toujours quelques pâtisseries.

Enfin le chariot est plein. Ils (passer) _____ à la caisse où ils (payer) _____ par carte de crédit, car ils (posséder) _____ une Carte Bleue, et ils (apporter) _____ les provisions à la voiture dans les petits sacs en plastique qu'on (donner) _____ aux clients. La famille Dumont (rentrer) _____ et tout le monde (porter) _____ les provisions jusqu'à l'appartement au troisième étage. Comme c'est demain dimanche et que les grands-parents (dîner) _____ toujours avec eux ce jour-là, toute la famille (aider) _____ à préparer un bon repas.

B. A la Maison française. Vous habitez à la Maison française de votre université et ce soir, c'est à vous d'organiser le dîner. Complétez les phrases suivantes par l'impératif convenable.

MODELE   Paul et Maria, n'(oublier) *oubliez* pas d'acheter un kilo de pommes de terre et (acheter) *achetez* aussi du poulet et des oignons.

1. Robert, (préparer) _____ la salade.

2. Laura, (apporter) _____ tous les fruits et (couper) _____ les pommes et les pêches pour faire une salade de fruits.

3. Kelly et Jim, (trouver) _____ une casserole pour faire cuire le poulet.

4. Monica, (éplucher) _____ les oignons et Walter, (verser) _____ de la crème pour la sauce.

5. (travailler) _____ tous ensemble cet après-midi et (dîner) _____ vers sept heures.

C. Un week-end bien français. Vous arrivez à Grenoble où vous allez passer l'année scolaire et vous demandez à un(e) étudiant(e) français(e) de vous décrire ce que font les jeunes Français pendant le week-end. Complétez ses réponses en mettant les verbes entre parenthèses à la forme convenable.

MODELE   Nous (avoir) *avons* souvent des soirées le vendredi ou le samedi.

1. J'(avoir) _____ beaucoup d'amis qui (avoir) _____ un appartement.

2. On (aller) _____ généralement chez un des copains.

3. Quelquefois nous (aller) _____ au cinéma.

4. Pour le dîner, nous (faire) _____ souvent des pizzas. Elles (être) _____ délicieuses. Nous (prendre) _____ du Coca, du jus de fruits ou un peu de vin.

5. Nous (être) _____ contents de danser et de discuter ensemble.

6. Si j'(avoir) _____ des examens et que je (être) _____ très occupé(e), je (aller) _____ un peu à la bibliothèque avant de retrouver mes amis.

7. Nous (faire) _____ quelquefois des excursions l'après-midi. On (faire) _____, par exemple, des pique-niques à la campagne.

8. Tous les amis (aller) _____ souvent danser à la discothèque.

9. Nous (aller) _____ faire une fête vendredi. Tu (être) _____ disponible? Tu (aller) _____ m'accompagner?

D. Le début du semestre. Pour chacune des situations indiquées, faites trois phrases en utilisant la forme convenable du verbe **aller** suivi d'un verbe à l'infinitif. Vous pouvez choisir un des infinitifs de la liste suivante ou compléter vos phrases d'une autre manière.

acheter des livres   faire le marché   aller à un concert de rock
manger avec mes amis   chercher un job   inviter des amis
téléphoner à mes parents   regarder la télévision   parler avec un de mes profs
travailler au laboratoire de langues   dîner au restaurant   écouter de la musique
                                 envoyer un message électronique   faire des courses
                                 à mes amis

MODELE   Demain matin,...
           Demain matin, je vais chercher un job.
           Je vais téléphoner à mes amis.
           Nous allons déjeuner au restaurant.

1. Demain matin,...

   a. _____

   b. _____

   c. _____

2. Le premier jour de classe,...

    a. _____

    b. _____

    c. _____

3. Le week-end prochain,...

    a. _____

    b. _____

    c. _____

4. Le semestre prochain,...

    a. _____

    b. _____

    c. _____

E. Les habitudes alimentaires des étudiants américains. Vous passez l'été dans une famille française. Voici quelques questions qu'on vous pose sur les habitudes alimentaires des étudiants américains. Répondez à chaque question.

    MODELE   Avez-vous beaucoup de restaurants près du campus?
                            Oui, nous avons beaucoup de restaurants près du campus.
           OU   *Non, nous n'avons pas beaucoup de restaurants près du campus.*

1. Est-ce que vous (vos amis et vous) mangez souvent au restaurant universitaire?

    _____

2. Aimez-vous la cuisine universitaire?

    _____

3. Achetez-vous souvent des provisions au supermarché?

    _____

4. Y a-t-il des supermarchés près du campus?

    _____

5. Quand vous avez faim le soir, qu'est-ce que vous préférez manger?

    _____

6. Est-ce que la plupart des étudiants boivent du Coca?

    _____

7. Mangez-vous souvent des légumes frais?

    _____

8. Quelle est la nourriture préférée des étudiants sur votre campus? La pizza? Les hamburgers? Les salades? Autre chose?

    _____

F. Les soirées américaines. Vous avez une amie en France qui vous écrit de temps en temps. Dans sa dernière lettre, elle vous demande d'expliquer comment se passent les soirées en Amérique. En choisissant des mots de la liste suivante, complétez la lettre pour décrire vos soirées américaines à votre amie française. Ajoutez les articles convenables devant les mots que vous employez.

amis	professeurs	hamburgers
bal(s)	soirées en groupe	pizza
classe(s)	soirées intimes	poulet frit
concert(s)	surprises-parties	salade
film(s)	bière	sandwiches
grandes soirées	café	spaghettis
match(es) de basket	chips	steak
match(es) de football	Coca-Cola	vin
politique		

Chère amie,

D'habitude nous faisons des fêtes le samedi, parce que les autres jours de la semaine, nous travaillons dur. Quelquefois nous dînons ensemble et nous mangeons _____, _____ ou _____, et nos soirées commencent alors assez tard. Moi, je préfère _____. Ensuite, on se retrouve chez un ami. Là, on écoute de la musique et on discute _____ et _____. Si on a faim, il y a _____ ou _____, et il y a aussi beaucoup _____ et _____. Nous aimons en particulier _____, mais après une semaine à l'école, on adore toutes les soirées.

Maintenant, écrivez trois ou quatre phrases supplémentaires pour dire comment vous passez vos soirées avec votre groupe d'amis.

_____

_____

_____

_____

G. Vos goûts. Employez les mots de la liste suivante et les articles convenables pour composer cinq phrases qui décrivent vos préférences alimentaires.

acheter	aliments congelés	fromage	poulet
aimer	bière	fruits	produits en boîte
détester	café (instantané)	lait	viande
manger	desserts	légumes	vin
préférer	épices	pain	yaourts

MODELE *J'aime le fromage, mais je ne mange pas de yaourt.*

1. _____

2. _____

3. _____

4. _____

5. _____

Pratique culturelle

L'HISTOIRE RECENTE DE L'EURO

A partir du 1er janvier 2002, l'euro est utilisé pour toutes les opérations. Les achats, salaires et paiements des impôts sont obligatoirement libellés en euros.

Après le 30 juin 2002, le franc a disparu de tous les porte-monnaies. Il n'est plus qu'un vieux souvenir.

LE PANIER DE LA MENAGERE EN EUROS

—la baguette: 0,7 euro

—un kg de tomates: 2,1 euros

—un kg de pommes de terre: 0,8 euro

—500 g de coquillettes: 0,6 euro

—125 g de steak haché: 1,63 euro

—une bouteille de Beaujolais nouveau: 4 euros

—un menu «fast-food» ou un carnet de timbres-poste: 4,83 euros

—un litre d'essence sans plomb: 0,95 euro

—une contravention pour non affichage du ticket horodateur: 12,58 euros

(les calculs sont faits sur la valeur actuelle de l'euro: 1 euro = 6,5652F)

H. L'euro est arrivé. Cherchez dans un journal la contrevaleur de l'euro en dollars américains. Ensuite calculez le prix des entrées du menu du Café Latin.

CAFE LATIN
Déjeuner/Dîner

Entrées

$ américains

Petite assiette de saucisson sec	5,50 €	_____
Plate of french salami		
Petite assiette de jambon de pays	5,50 €	_____
Plate of country ham		
Tarte chaude sur salade	6,50 €	_____
Warm tart on a salad		
Assiette de charcuterie	7,50 €	_____
Plate of smoked meat		
Croque monsieur/croque madame sur pain Poîlane	7 €	_____
Toasted ham + cheese on poîlane bread/fried egg		
Bloc de foie gras de canard	10 €	_____
Slice of duck's liver paté		
Escargot de Bourgogne les six	7 €	_____
les douzes	10 €	_____
Carpaccio de boeuf	8,50 €	_____
Beef carpaccio		
Marinade de saumon et pommes vapeur	8,50 €	_____
Raw salmon marinade with steamed potatoes		

La rédaction par étapes
«Pour préparer un dîner d'étudiants»

Etape 1: Préparation
Préparation du vocabulaire pratique pour indiquer ses préférences

A partir du vocabulaire actif présenté dans le **chapitre 1** d'**Interaction**, vous allez maintenant préparer une liste du vocabulaire qui va vous servir à expliquer et analyser vos préférences, en tant que consommateur ou consommatrice.

Répondez d'abord aux questions suivantes. (Pour toutes les activités de *La rédaction par étapes*, écrivez sur d'autres feuilles de papier si nécessaire.)

1. Où allez-vous pour acheter vos provisions? des fleurs? des disques et des CD? des articles de décoration? vos chocolats?
2. Etes-vous facilement influencé(e) par la publicité? Avez-vous l'habitude de comparer le prix et la qualité?

Liste de vocabulaire

_____

_____

_____

_____

_____

_____

Etape 2: S'exprimer par écrit

Avec quelques amis, vous préparez un dîner pour les autres étudiants du cours de français. Vous utilisez le courrier électronique pour organiser le dîner. Expliquez dans votre message ce que doit acheter chaque personne et où il faut l'acheter. Faites attention, vous n'avez pas beaucoup d'argent!

_____

_____

_____

_____

_____

If you have access to **Système-D** *software, you will find the following information there.*

PHRASES	Expressing an opinion
VOCABULARY	Food, drinks, stores
GRAMMAR	Present indicative tense, verb + infinitive, definite and indefinite articles

Chapitre 2

Modes de vie

Activités orales

Perspectives

CD1-14 **A. Philippe prépare le bac.** Listen carefully to the following conversation between Philippe and Marc. Then indicate whether the statements below are true or false by writing "**V**" **vrai** (*true*) or "**F**" **faux** (*false*) next to each statement. You may listen to the conversation as many times as necessary.

_____ 1. Philippe descend au café le soir pour préparer ses examens.

_____ 2. Marc se demande si Philippe perd son temps au café.

_____ 3. D'habitude, Philippe se lève tôt, travaille beaucoup et fait toujours ses devoirs.

_____ 4. Selon Philippe, nous avons tous besoin de nous lever tôt.

_____ 5. Marc trouve raisonnable que Philippe désire se détendre.

Vocabulaire actif

CD1-15 **B. Aujourd'hui, un jour comme les autres.** During the week, when it is necessary to wake up and get going to classes or to work, most people have a more or less fixed morning routine. The following routine is typical for Béatrice. Use the cues to form complete sentences that describe Béatrice's usual activities.

> MODELE YOU HEAR: se réveiller tôt
> YOU SAY: *Elle se réveille tôt.*

(Items 1–9)

CD1-16 **C. Le week-end, c'est autre chose.** The weekend is an opportunity for many people to vary their daily schedules. The following cues describe changes that Béatrice makes in her weekend schedule. Use them to form complete sentences that describe her activities.

> MODELE YOU HEAR: se réveiller à dix heures
> YOU SAY: *Elle se réveille à dix heures.*

(Items 1–10)

CD1-17 **D. Interrogation de vocabulaire.** For each clue, choose the word from the list below that most accurately completes the sentence. Always give your answer in a complete sentence. Be sure to put each verb in the appropriate form.

avoir faim	avoir le trac	avoir sommeil
ses copines	ses devoirs	un exposé
passer un examen	rater l'examen	réussir à ses examens

MODELE YOU HEAR: Quelquefois, quand Solange étudie beaucoup, elle n'a pas le temps de manger. Elle...
YOU SAY: *Elle a faim.*

(Items 1–8)

CD1-18 **E. La famille moderne.** Philippe is talking to Marc about his opinions on family life in modern society. The following passage will be read three times. During the first reading, listen to the text—but do not write. During the second reading, fill in the blanks with the words that you hear. Finally, during the third reading, check your work and fill in any words you may have missed.

Nous ne _____ plus dire qu'il n'y a qu'un _____ type de modèle familial. Dans la

_____, les familles ne se ressemblent pas toujours. Nous _____ nous rendre compte

que les _____ ne sont plus nécessairement _____ par deux parents. Mais, si la compo-

sition des familles évolue _____ quelques années, les devoirs des parents ne _____

pas. On ne peut négliger ni le _____ intellectuel, ni la santé _____, ni

l'_____ morale des enfants.

Structures

CD1-19 **F. L'étudiant(e) idéal(e).** If the perfect student existed, he or she would probably answer *yes* to the following questions. Play the role of the perfect student and answer each question affirmatively.

MODELE YOU HEAR: Est-ce que tu finis toujours tes devoirs?
YOU SAY: *Oui, je finis toujours mes devoirs.*

(Items 1–8)

CD1-20 **G. L'étudiant typique.** Edmond is a more typical student. He tries to balance his studies with sports, hobbies, meeting other students, and the learning experience of life on campus. Play the role of Edmond and use the cues to answer the following questions.

MODELE YOU HEAR: Est-ce que tu te couches de bonne heure?
YOU SEE: non / très tard
YOU SAY: *Non, je me couche très tard.*

1. à sept heures
2. oui / beaucoup
3. non
4. non
5. oui
6. oui
7. oui / souvent
8. oui / la plupart du temps

CD1-21 H. Et vous? Answer the following questions truthfully, using complete sentences.

MODELE   YOU HEAR: D'habitude, est-ce que vous vous couchez de bonne heure?
               YOU SAY: *Oui, je me couche de bonne heure.*
               OR   *Non, je ne me couche pas de bonne heure.*

(Items 1–8)

CD1-22 I. Interview. You have just heard an interview of a French-speaking exchange student from Senegal who is spending a semester at your university. Using the notes you've taken as cues, reconstruct the questions that were asked of the exchange student.

MODELE   YOU SEE: _____ tu _____ beaucoup d'examens au Sénégal?
               YOU HEAR: Est-ce que tu passes beaucoup d'examens au Sénégal?
               YOU WRITE: *Est-ce que* tu *passes* beaucoup d'examens au Sénégal?

1. D'habitude, _____ est-ce que tu _____?

2. Est-ce que tu _____ le déjeuner au restaurant _____?

3. _____ de cours est-ce que tu _____?

4. Est-ce que tu as _____ de _____ à faire?

5. _____ tu as _____ le trac?

6. Est-ce que tu _____ souvent _____ examens?

7. Est-ce que tu _____ _____ d'autres langues étrangères?

8. Est-ce que tu _____ _____ le week-end?

9. _____ tu finis _____ tes _____?

10. Depuis _____ est-ce que tu _____ le français?

CD1-23 J. Une attitude négative. You got up on the wrong side of the bed this morning. No matter what your roommate says, you say the opposite. Use the cues to respond negatively to each of your roommate's comments and questions.

MODELE   YOU HEAR: Tout le monde vient à la soirée samedi.
               YOU SEE: personne ne
               YOU SAY: *Non, personne ne vient à la soirée samedi.*

1. ne... jamais
2. ne... plus
3. ne... pas
4. ne... pas encore
5. ne... rien
6. ne... personne
7. ne... pas

Pratique

CD1-24 **K.** You are doing a summer internship in France in a small family-owned business. When you return from lunch you find a message on the answering machine. Write down the message for your employer. Be as detailed as possible.

Télé-Pratic

Le _____ à _____ heures _____

Pour M _____

_____

_____

Pendant que vous n'étiez pas là,

M _____

_____

_____

_____

Tél. _____

a téléphoné ❏   est passé(e) vous voir ❏

    demande de le (la) rappeler ❏

    vous rappellera ❏

    désire un rendez-vous ❏

    a laissé ce message: ❏

_____

_____

_____

_____

_____

_____

Compréhension des conversations quotidiennes

CD1-25 **L. La France et l'Amérique.** Listen carefully to the following conversation between Béatrice and Christine. Then indicate whether the statements below are true or false by writing "**V**" **vrai** (*true*) or "**F**" **faux** (*false*) next to each statement. You may listen to the conversation as many times as necessary.

_____ 1. Béatrice prépare un exposé sur les jeunes en Amérique.

_____ 2. Le baccalauréat français est différent du diplôme de «high school» en Amérique parce que le bac est un examen national.

_____ 3. En Amérique, avec un diplôme de «high school», on peut entrer automatiquement à l'université.

_____ 4. D'habitude, les Français s'inquiètent beaucoup après le bac.

CD1-26 **M. La terminale.** Listen carefully as three friends discuss their courses, their professors, and their feelings about the upcoming bac examination. Then answer the questions. Reading the questions first will help focus your listening.

1. What is Sylvie's reaction to the upcoming examination?

_____

_____

2. What is Vincent's approach to preparing for the examination?

_____

_____

3. Is Irène worried about the examination? Why or why not?

_____

_____

4. What is Irène's approach to preparing for the examination?

_____

_____

5. What suggestion does Vincent offer to Sylvie?

_____

_____

6. Is Irène available to help Sylvie? Why or why not?

_____

_____

Activités écrites

Structures et Vocabulaire actif

A. La vie universitaire. Des élèves de français au lycée vous posent des questions au sujet de la vie universitaire. Répondez aux questions.

MODELE   Tu vends tes livres à la fin du semestre?
Oui, je vends mes livres à la fin du semestre.
OU *Non, je ne vends pas mes livres à la fin du semestre.*

1. Tu choisis tous tes cours selon tes intérêts?

_____

2. Tu attends la troisième année universitaire pour faire des études à l'étranger?

_____

3. Tes copains et toi, vous descendez souvent en ville ou préférez-vous rester sur le campus?

_____

4. Tu réfléchis souvent à ta carrière après l'université?

_____

5. Tes parents répondent rapidement à ton courrier électronique?

_____

6. Tu rends souvent visite à tes parents pendant le semestre?

_____

7. D'habitude, tu finis tes devoirs avant minuit?

_____

8. Ta (Ton) camarade de chambre et toi, vous vous entendez bien?

_____

9. Tu dépends de tes parents pour payer les frais de scolarité?

_____

10. Tu réussis facilement à tes examens?

_____

B. Ça ne va pas. Votre petit(e) ami(e) est de mauvaise humeur et ne fait que vous contredire. Vous essayez de lui remonter le moral, mais il / elle n'est jamais d'accord avec vous. Jouez le rôle de votre ami(e) et dites le contraire des phrases qu'on vous propose.

MODELE —Tu as beaucoup d'amis.
—*Non, je n'ai pas beaucoup d'amis.*

—Tu es de bonne humeur.

—_____

—Mais tu fais toujours quelque chose.

—_____

—Il y a toujours quelqu'un qui téléphone.

—_____

—Tu as de bons amis et des activités intéressantes.

—_____

—Quelque chose d'intéressant va sans doute arriver aujourd'hui.

—_____

—Tu aimes tes cours et tes professeurs.

—_____

—Tu es toujours de mauvaise humeur.

—_____

C. C'est à mon tour d'être de mauvaise humeur! Après cette conversation avec votre petit(e) ami(e), c'est vous qui êtes de mauvaise humeur. Employez au moins cinq des expressions suivantes dans des phrases négatives.

ne... jamais	ne... personne	ne... rien
ne... ni... ni	ne... plus	personne ne...
ne... pas	ne... que	rien ne...

MODELE   *Je ne peux plus parler avec toi.*

_____

_____

_____

_____

_____

_____

_____

_____

_____

D. Une étudiante étrangère. Vous parlez de votre université avec une étudiante sénégalaise. Posez une question ayant rapport avec chacune de ses phrases pour obtenir des renseignements supplémentaires sur sa vie et sa famille.

MODELE   Ma famille et moi, nous habitons à Dakar.
              Est-ce que vous habitez une maison ou un appartement?
       OU *Votre père, que fait-il comme profession?*

1. Ma sœur aînée s'appelle Angèle.

_____

2. Mes parents travaillent à l'université.

_____

3. J'ai trois frères.

_____

4. D'habitude, nous dînons ensemble tous les jours.

_____

5. C'est mon premier voyage aux Etats-Unis.

_____

6. J'étudie les sciences et les maths.

_____

7. Ma camarade de chambre vient de Californie.

_____

8. Le week-end prochain, nous allons à un concert de jazz.

_____

E. Que faites-vous? Vous voulez poser toutes sortes de questions sur la vie de tous les jours de la famille chez qui vous passez l'été. Complétez les questions suivantes.

> MODELE _____ les membres de la famille (prendre toujours) le petit déjeuner ensemble?
>
> ***Est-ce que** les membres de la famille **prennent toujours** le petit déjeuner ensemble?*

1. Quand _____ les enfants (partir) pour l'école?

   _____

2. _____ les enfants (déjeuner) à la cantine de l'école?

   _____

3. _____ la famille (descendre) souvent en ville?

   _____

4. A quelle heure _____ vous (rentrer)?

   _____

5. A quelle heure _____ la famille (dîner)?

   _____

6. Après le dîner, _____ vous (regarder) la télé?

   _____

7. _____ vous (aller) tous les jours au supermarché?

   _____

F. Voici une journée typique. Vous essayez de décrire une de vos journées avec vos camarades de chambre. Complétez chaque phrase par la forme convenable du verbe entre parenthèses.

> MODELE   Je (se réveiller) *me réveille* vers sept heures.

1. Mes camarades de chambre (se réveiller) _____ plus tôt.

2. Je (se lever) _____ tout de suite.

3. Je (s'habiller) _____ vite parce que je suis toujours en retard.

4. Un / Une de mes camarades de chambre (s'habiller) _____ toujours avec élégance, mais nous autres, nous (s'habiller) _____ d'habitude en jean.

5. Je (se laver) _____ le soir parce que mes camarades de chambre (se laver) _____ d'habitude le matin.

6. Quelquefois on (se fâcher) _____ les un(e)s contre les autres. Mais en général, on (s'entendre) _____ bien.

7. Après dîner, nous (se détendre) _____ un peu; nous (se parler) _____ très souvent, par exemple.

8. Je (se coucher) _____ plus tard que les autres qui (se coucher) _____ vers onze heures.

9. Le week-end, nous (se reposer) _____. Nous (s'amuser) _____ bien ensemble.

G. Ce n'est pas toujours le paradis. Quelquefois tout ne va pas bien entre vous et vos camarades de chambre. Employez les expressions suivantes dans huit suggestions que vous allez faire à un(e) ou plusieurs de vos camarades de chambre.

aller faire le marché	nettoyer la chambre	se coucher
descendre en ville	ne pas faire tant de bruit	se dépêcher
faire la cuisine	ne pas jouer de la musique	s'habiller
finir le travail	ne pas se fâcher	se réveiller

MODÈLE   *Fais la cuisine!*

_____

_____

_____

_____

_____

H. Une famille nombreuse. Complétez cette description d'une famille nombreuse avec les expressions idiomatiques de la liste ci-dessous.

avoir besoin	avoir l'air
avoir de la chance	avoir lieu
avoir envie	avoir l'occasion
avoir faim	avoir mal

Mon ami trouve que la vie dans une famille nombreuse est quelquefois difficile. D'abord, il y a toujours quelqu'un dans la salle de bains, et on doit attendre longtemps pour se laver ou se coiffer. Ce sont les personnes qui se lèvent tôt qui _____ parce qu'elles peuvent occuper la salle de bains sans attendre. Le soir, si on _____ de regarder la télé, il est difficile de choisir une émission. C'est à table que la grande réunion de la famille _____ tous les jours. Ce n'est pas souvent qu'on _____ de parler, mais si on _____ et que l'on veut un bon morceau de viande, on ne parle pas trop. Le problème, c'est que si on ne parle pas, les autres vont sûrement penser qu'on _____ triste. En fait, après une journée dans une grande famille, on peut _____ à la tête. Les familles nombreuses _____ donc _____ de grandes quantités d'aspirine.

I. Quelques situations. Réagissez à chaque situation en employant une expression idiomatique avec **être** ou **avoir**.

1. Vous dînez, le téléphone sonne et votre ami(e) demande: «Peux-tu parler maintenant?». Que répondez-vous?

   _____

2. Vous habitez avec une famille en France, et la mère de cette famille vous demande votre âge. Que répondez-vous?

   _____

3. Vous désirez aller au ciné, mais vous n'avez qu'un dollar sur vous. Vous demandez à vos parents:

_____

4. Vous assistez à un concert de rock où la musique est très forte. En sortant, vous dites à vos copains:

_____

5. Vous préparez une salade de pommes de terre et vous n'avez pas de mayonnaise. Vous allez à l'épicerie et vous demandez:

_____

6. Votre ami(e) vous annonce que le prof de français ne donne que des «A» aux étudiants. Vous lui répondez:

_____

7. Il y a une soirée qui commence à huit heures et vous arrivez à neuf heures. Que dites-vous quand vous arrivez?

_____

8. Il est huit heures, et d'habitude vous dînez à six heures. Qu'annoncez-vous à votre famille?

_____

9. Vous êtes à une fête. Il est une heure du matin, et vous êtes très fatigué(e). Vous dites:

_____

10. C'est le mois de janvier et les fenêtres de votre classe de français sont ouvertes. Vous dites au professeur:

_____

J. Depuis quand le faites-vous? Votre nouvelle copine, l'étudiante sénégalaise, vous pose des questions sur votre vie. Répondez en utilisant les éléments indiqués, **depuis** et le présent.

MODELE   Depuis combien de temps est-ce que tu habites avec ton (ta) camarade de chambre?
J'habite avec lui (elle) depuis un mois.

1. Depuis quand étudies-tu le français?

_____

2. Depuis quand étudies-tu dans cette université?

_____

3. Depuis quand habites-tu dans cette ville?

_____

4. Depuis combien de temps aimes-tu la musique rock?

_____

5. Depuis quand fais-tu la cuisine?

_____

Pratique culturelle

K. Ecrivez sur le calendrier (ci-dessous) votre emploi du temps de la semaine prochaine. Ecrivez vos autres projets dans les cases de droite.

La rédaction par étapes
«Mes prochaines vacances»

Etape 1: Préparation

Vous souvenez-vous de la préparation de vos dernières vacances? Quel travail! Imaginez maintenant vos prochaines vacances. Quelles décisions devez-vous prendre? (Allez-vous aller à l'étranger? à la montagne? à la mer? à la campagne? rester chez vous?) A qui devez-vous parler? (A des membres de votre famille? des amis? l'agent de voyage?) A quels détails devez-vous faire attention? (Quel temps va-t-il faire? Quels vêtements allez-vous emporter? Qui va acheter les billets? Qui va s'occuper du chat?) Faites une liste de ce que vous devez faire avant de partir en vacances.

_____

_____

_____

_____

_____

_____

_____

_____

_____

_____

_____

_____

_____

Etape 2: S'exprimer par écrit

Ecrivez une lettre à un(e) de vos ami(e)s (ou à un membre de votre famille) et essayez de convaincre cette personne de vous accompagner en vacances cette année.

Cher (Chère) _____,

_____

_____

_____

_____

_____

_____

_____

_____

_____

---

*If you have access to **Système-D** software, you will find the following information there.*

PHRASES	Inviting, persuading, writing a letter (informal)
VOCABULARY	Family members, leisure, means of transportation, sports, traveling
GRAMMAR	Future with **aller**, prepositions of location

Chapitre 3

La vie des jeunes

Activités orales

Perspectives

CD2-2 **A. Les loisirs des Fouché.** Listen carefully to the following conversation between Marc and Mme Fouché. Then circle the letter of the choice that best completes each statement. You may listen to the conversation as many times as necessary.

1. Marc ne sait pas beaucoup de choses au sujet...
   a. des écoles en France
   b. des loisirs en France
   c. des transports en France

2. M. et Mme Fouché ne partent pas souvent le week-end parce que...
   a. ils ont trop de travail à faire dans le jardin
   b. ils n'ont pas de voiture
   c. leurs enfants vont à l'école pendant le week-end

3. Les élèves en France n'ont pas de cours...
   a. le lundi
   b. le samedi
   c. le dimanche

4. Le week-end, les Fouché aiment faire...
   a. du vélo
   b. des courses
   c. du ski

5. La distraction favorite de Mme Fouché est de...
   a. faire du ski
   b. faire du tennis
   c. faire un pique-nique

Vocabulaire actif

CD2-3 **B. Interrogation de vocabulaire.** Complete each sentence with the appropriate word or expression from the list below. Be sure to use the correct form of each term.

à la piscine   l'argent de poche   bavard
faire du lèche-vitrines   le lycée   passionné de cinéma
le permis de conduire   la rentrée   sportif

    MODELE   YOU HEAR: Elle fait du sport. Elle est...
                 YOU SAY: *Elle est sportive.*

    (Items 1–8)

CD2-4 **C. Une interview.** You are being interviewed by a student from another French class as part of an assignment on young people in the United States. Answer the following questions truthfully.

    MODELE   YOU HEAR: Est-ce que tu aimes le volley?
                 YOU SAY: *Oui, j'aime le volley.*
                 OR   *Non, je n'aime pas le volley.*

    (Items 1–8)

CD2-5 **D. La vie des jeunes.** Marc is reading aloud from an article titled *La vie des jeunes*. The following passage will be read three times. During the first reading, listen to the text—do not write. During the second reading, fill in the blanks with the words that you hear. Finally, during the third reading, check your work and fill in any words you may have missed.

Dans la _____ actuelle, il est important de _____ que les _____ sont

de gros consommateurs. Pour la _____, les quinze à vingt-cinq ans habitent _____

chez leurs parents. S'ils sont _____ dans le monde du _____, ils ont un salaire. S'ils

n' _____ pas encore d'activité _____, ils _____ leur argent de poche: une

trentaine d'euros _____ _____ et souvent beaucoup plus!

Structures

CD2-6 **E. De bons amis.** Some people say that we are most attracted to those with whom we share values and physical or personality traits. This is true for Pauline and Roger. For each statement describing one of them, say that the other person also has the same trait. Use the appropriate form of the adjective.

    MODELES   YOU HEAR: Roger est courageux.
                 YOU SAY: *Pauline est courageuse aussi.*

                 YOU HEAR: Pauline est sportive.
                 YOU SAY: *Roger est sportif aussi.*

    (Items 1–8)

CD2-7 **F. Un sondage.** As part of a survey, the same statements were given to a number of different people. Each person was asked to add one adjective to each statement to reflect his or her own situation. Report some results of the survey by incorporating the cues into the original statements. Supply the appropriate position and form for each adjective.

MODELE   YOU HEAR: J'ai un camarade de chambre.
          YOU SEE: Edouard / amusant
          YOU SAY: *Edouard a un camarade de chambre amusant.*

1. Etienne / actif
2. Albert / grand
3. Hubert / jeune
4. Charles / sympathique
5. Marthe / intellectuel
6. Yvonne / créateur
7. nous / italien
8. Jacques et Thomas / français

CD2-8 **G. A qui va la bourse?** You are the student representative on a university committee for international study. Two students are being considered for a scholarship to spend the next academic year in Switzerland. To keep track of the discussion, note the strengths of each candidate on the following chart. Use a plus sign to indicate *more*, a minus sign to indicate *less*, and an equal sign to indicate *equality*.

	ANNE	DANIEL
dynamique		
organisé(e)		
courageux(-euse)		
sérieux(-euse)		
idéaliste		
individualiste		
impulsif(-ive)		
sportif(-ive)		
optimiste		
créateur(-trice)		
être un(e) bon(ne) étudiant(e)		

A qui voulez-vous donner la bourse? Pourquoi? _____

_____

_____

CD2-9 **H. Compétition.** Two friends are comparing the actors Tom Hanks and Harrison Ford. Each time one opinion is given, the other friend says the opposite. Play the role of the second friend, using the cue provided.

> MODELE YOU HEAR: Tom est plus riche que Harrison.
> YOU SEE: moins
> YOU SAY: *Tom est moins riche que Harrison.*

1. moins
2. moins
3. plus
4. moins bon
5. moins

CD2-10 **I. Le Café Latin.** As the waiter reads aloud the special menu offerings, write down the price of each menu item. Note that the prices are given in euros.

C A F É   L A T I N

SALADES COMPOSÉES

Tomate mozzarella au basilic _____ €

Salade de gésiers confits _____ €

Salade italienne (poivrons marinés, mozzarella au basilic et pesto) _____ €

Salade Latine (salade mélangée aux pommes fruit, noix et bleu d'auvergne) _____ €

Salade Amphora (poêlé de blancs de poulet et champignons) _____ €

Salade Landaise (salades mélangées, filet de canard, gésiers confits et fois gras) _____ €

PLATS

Poulet Rôti dans son jus _____ €

Poêlé de Saumon à la crème de poivron _____ €

Faux filet au beurre maître d'hôtel _____ €

Filet de Canard au miel _____ €

Confit de Canard _____ €

Filet de Bœuf au beurre maître d'hôtel _____ €

PRIX NET SERVICE 15% COMPRIS

Pratique

CD2-11 **J.** You are doing a summer internship in France in a small family-owned business. When you return from lunch you find a message on the answering machine. Write down the message for your employer. Be as detailed as possible.

Télé-Pratic

Le _____ à _____ heures _____

Pour M _____

_____

_____

Pendant que vous n'étiez pas là,

M _____

_____

_____

_____

Tél. _____

a téléphoné ❑   est passé(e) vous voir ❑

   demande de le (la) rappeler ❑

   vous rappellera ❑

   désire un rendez-vous ❑

   a laissé ce message: ❑

_____

_____

_____

_____

_____

_____

CD2-12 **K. Le mercredi de Bruno.** Listen carefully to the following conversation between Christine and Bruno. Then indicate whether the statements below are true or false by writing "**V**" **vrai** *(true)* or "**F**" **faux** *(false)* next to each statement. You may listen to the conversation as many times as necessary.

1. Bruno va passer une journée agréable demain parce qu'il a congé.
2. Bruno descend en ville pour acheter une moto.
3. Son copain Félix achète un vélo avec son argent de poche.
4. Bruno et Félix vont s'arrêter à la Maison des jeunes.
5. Bruno ne prend pas ses loisirs au sérieux.

CD2-13 **L. Que faire?** Listen carefully to the following conversation in which four friends try to decide what to do on Wednesday afternoon. Then answer the questions. Reading the questions first will help focus your listening.

1. What are Laurent's plans for the afternoon and what suggestion does he make to the others?

   _____

   _____

2. What is Mireille's reaction to the invitation?

   _____

   _____

3. What is Jean-Michel's reaction?

   _____

   _____

4. Why will Sophie not take Laurent up on the invitation?

   _____

   _____

5. Finally, the four friends agree to get together. Where will they go?

   _____

   _____

6. When will they meet and how will they get there?

   _____

   _____

Activités écrites

Structures et Vocabulaire actif

A. Notre vie de tous les jours. Vous parlez à un étudiant français qui vient passer l'année scolaire dans votre université. Il vous pose les questions suivantes sur la vie des étudiants américains. Répondez à ses questions.

MODELE —A quelle heure est-ce que les étudiants viennent à l'université le matin?
—*Ils viennent à l'université à 8h du matin.*

1. Et toi, à quelle heure viens-tu à l'université le matin?

_____

2. Et à quelle heure est-ce que tu pars le soir?

_____

3. Tes camarades de chambre et toi, est-ce que vous dormez beaucoup pendant le week-end?

_____

4. Est-ce que les étudiants sortent souvent pendant la semaine ou seulement le week-end?

_____

5. D'habitude, est-ce que tu sors souvent pendant la semaine?

_____

6. A quelle heure ouvre la bibliothèque le samedi matin?

_____

7. Y a-t-il beaucoup d'étudiants qui courent sur le campus?

_____

8. Et tes copains et toi, est-ce que vous courez? Si oui, combien de fois par semaine?

_____

9. D'habitude, on vient aux cours à l'heure?

_____

10. Et toi, tu viens aux cours à l'heure?

_____

11. Les étudiants obtiennent en général leur diplôme en quatre ans?

_____

12. Et toi, tu penses obtenir ton diplôme en quatre ans?

_____

B. Comment sont-ils? Dans une lettre à votre correspondant(e) en France, vous décrivez différents aspects de votre vie. Ajoutez un adjectif, de la liste suivante, à chaque phrase et faites attention à l'accord et à la position de ces adjectifs.

grand	petit	bon	optimiste	facile
difficile	jeune	intéressant	nouveau	régional
joli	gentil	chinois	rapide	triste

MODELE   J'ai un appartement.
             J'ai un grand appartement.

1. J'ai des amis.

    _____

2. D'habitude, j'ai des cours _____, mais quelquefois, j'ai un cours _____.

    _____

3. Le prof de chimie donne beaucoup de devoirs.

    _____

4. Sur notre campus, il y a un stade.

    _____

5. Le restaurant universitaire a des spécialités chaque semaine.

    _____

6. Nous avons un campus.

    _____

7. Mme Rochard est un professeur de littérature.

    _____

8. Je cherche une voiture.

    _____

C. Quelques personnes importantes. Etablissez l'identité des personnes suivantes en faisant des phrases contenant **c'est** ou **ce sont** et décrivez-les dans des phrases contenant **il / elle est** ou **ils / elles sont.**

MODELE   votre cousin
           (a) *C'est Jack.*
       OU *C'est le mari d'Anne.*

           (b) *Il est gentil.*
       OU *Il est ingénieur.*

1. votre frère ou votre sœur

   (a) _____

   (b) _____

2. votre meilleur(e) ami(e)

   (a) _____

   (b) _____

3. votre meilleur professeur

   (a) _____

   (b) _____

4. votre mère ou votre père

   (a) _____

   (b) _____

5. vos copains (ou vos copines)

   (a) _____

   (b) _____

6. votre acteur (ou actrice) préféré(e)

   (a) _____

   (b) _____

7. votre groupe musical préféré

   (a) _____

   (b) _____

8. votre prof de français

   (a) _____

   (b) _____

9. votre (vos) camarade(s) de chambre

   (a) _____

   (b) _____

10. le président de votre université

   (a) _____

   (b) _____

D. La famille Dumont. Complétez chaque phrase par la forme convenable de l'adjectif possessif.

MODELE   Béatrice aime *ses* amis. Elle fréquente surtout *son* amie Agnès et *son* copain Thomas. *Son* petit ami s'appelle Jean-Marc.

1. Philippe et Maryse retrouvent souvent _____ copains au café. Ils parlent beaucoup de _____ professeur de philosophie et de _____ cours. _____ vie d'étudiant est dynamique.

2. M. Dumont aime _____ profession. Il adore _____ famille et _____ enfants. Il rentre tous les jours pour le repas de midi.

3. Et vous, Madame Dumont, est-ce que vous aimez _____ profession? Retrouvez-vous souvent _____ amis? Faites-vous souvent des excursions avec _____ mari et _____ enfants?

4. Et toi, Bruno, tu joues souvent au foot avec _____ copains? _____ vie est active, n'est-ce pas? Est-ce que _____ meilleur ami va bientôt arriver pour regarder la télé?

E. Et votre famille? Parlez des personnes suivantes en employant des adjectifs possessifs dans vos phrases.

MODELE   votre cousine
Ma cousine habite à la Nouvelle-Orléans.

1. un de vos parents

   _____

2. vos grands-parents (ou votre grand-mère ou grand-père)

   _____

3. votre frère ou votre sœur

   _____

4. vos cousins (ou cousines)

   _____

5. votre oncle ou votre tante

   _____

6. votre chien ou chat (ou un autre animal domestique)

   _____

F. La vie quotidienne. Employez les éléments suivants pour composer des phrases qui s'appliquent aux personnes qui font partie de votre vie quotidienne.

aller	parler	fréquemment à la bibliothèque	rarement
dîner	se lever	constamment	peu
faire du sport	sortir	régulièrement	tôt
manger	travailler	d'habitude en jeans	tard le soir
s'habiller	souvent pendant la semaine		

MODELE   s'habiller   d'habitude en jeans
         Moi, je m'habille d'habitude en jeans.

1. _____

2. _____

3. _____

4. _____

5. _____

6. _____

7. _____

8. _____

G. Quelques comparaisons. Complétez les phrases comparatives suivantes en utilisant les adjectifs entre parenthèses.

MODELE   (jeune) Mon père est *plus jeune que* ma mère.

1. (âgé) Ma mère est _____ mon père.

2. (facile) Mon cours de... est _____ mon cours de français.

3. (gentil) Ma camarade de chambre est _____ mon copain.

4. (cher) Les CD sont _____ les cassettes.

5. (intéressant) Le football est _____ le football américain.

6. (bon) La cuisine américaine est _____ la cuisine française.

7. (important) Les amis sont _____ la famille.

8. (long) Les congés sont _____ les vacances.

9. (sportif) Je suis _____ mes copains.

10. (triste) La rentrée en septembre est _____ le départ en juin.

11. (vieux) Ma voiture est _____ la voiture de mon copain.

H. Ça, c'est le comble! Pour chaque terme, composez une phrase au superlatif en employant le vocabulaire de la leçon.

> MODELE   Los Angeles
> *C'est la ville la plus intéressante du monde.*

1. la Hyundai

   C'est _____

2. le président de notre université

   C'est _____

3. mes copains

   C'est _____

4. ma famille

   C'est _____

5. Brad Pitt

   C'est _____

I. Vous et votre entourage. Employez les éléments suivants pour composer des phrases au comparatif.

> MODELE   je / mes copains   travailler à la bibliothèque (souvent)
>
> *Je travaille à la bibliothèque plus souvent que mes copains.*
> OU *Je travaille à la bibliothèque moins souvent que mes copains.*
> OU *Je travaille à la bibliothèque aussi souvent que mes copains.*

1. je / mon (ma) camarade de chambre   se coucher (tôt)

   _____

2. je / mon (ma) camarade de chambre   comprendre le français (facilement)

   _____

3. je / mon (ma) meilleur(e) ami(e)   se concentrer (sérieusement)

   _____

4. mon prof d'histoire / mon prof de français   parler (vite)

   _____

5. les DVD / les CD   côuter (cher)

   _____

6. nous / notre professeur de français   danser (bien)

   _____

7. mon cours de maths / mon cours d'anglais   passer (vite)

   _____

8. mes copains / mes parents   aimer bien le rock

   _____

Pratique culturelle

J. Lisez les réponses de Julie et de Michel-Marie à la question: «Est-ce une bonne chose d'utiliser des mots anglais ou faut-il au contraire tout faire pour défendre la pureté de la langue française?» Ensuite, répondez aux questions qui suivent.

LE
FRANGLAIS

Dans la langue française, il y a beaucoup de mots d'origine anglaise. Le «franglais», c'est l'usage de mots anglais dans la langue française. Il est très parlé par les jeunes. Est-ce une bonne chose d'utiliser des mots anglais ou faut-il au contraire tout faire pour défendre la pureté de la langue française? Deux jeunes Français donnent leur avis.

JULIE
dix-sept ans

«Moi, je trouve que c'est du snobisme d'employer des mots anglais dans une conversation. On devrait être fier de notre langue. A l'étranger, on considère le français comme une langue de prestige, la langue de la culture. Et ici, certains font tout pour saboter la langue de Voltaire.* Le français a un vocabulaire très riche et n'a pas besoin de mots anglais. A force d'ajouter des mots anglais, on affaiblit notre langue. Je suis tout à fait d'accord pour apprendre des langues étrangères mais il ne faut pas mélanger. Le français fait partie de notre culture et il faut tout faire pour en préserver la pureté.»

MICHEL-MARIE
dix-huit ans

«Les langues pures, ça n'existe plus. Elles ont toutes des mots d'origine étrangère. Je trouve que c'est du chauvinisme mal placé. Il y a beaucoup de mots français utilisés en anglais, mais les Britanniques et les Américains n'en font pas toute une histoire. A mon avis, il faut rester cool devant ce genre de problème. Toutes les langues évoluent. C'est de la prétention de vouloir sauvegarder la pureté d'une langue. Elle devient lourde, mal adaptée au monde moderne. A notre époque, on est en communication avec le monde entier, et il est ridicule de vouloir s'isoler ainsi linguistiquement.»

Et vous, chers lecteurs? Qu'en pensez-vous? Faut-il préserver la pureté d'une langue? Faut-il l'enrichir par des apports étrangers?

* La langue de Voltaire—la langue française. Voltaire était un écrivain français (1694–1778).

Questions

1. Avec qui êtes-vous d'accord, avec Julie ou Michel-Marie? Pourquoi?

   _____

   _____

2. Faites une liste de cinq mots anglais qu'on emploie fréquemment en français.

   _____

3. Maintenant, faites une liste de cinq mots français qu'on emploie fréquemment en anglais.

   _____

4. Etes-vous dérangé(e) par l'emploi du français dans la langue anglaise? Pourquoi ou pourquoi pas?

   _____

   _____

La rédaction par étapes
«Le portrait de ma meilleure amie»

Etape 1: Préparation

Lisez attentivement le résumé suivant:

Ma meilleure amie est canadienne. Elle a 20 ans. Elle s'habille bien. Elle adore porter des jeans et des pullovers. Elle est étudiante à l'université. Elle veut être avocate.

Ma meilleure amie est fille unique. Elle habite un grand appartement avec sa famille et en été, ils aiment tous voyager ensemble.

Ma meilleure amie n'a pas beaucoup d'amis intimes. Elle est timide. Elle est aussi optimiste et créatrice. Elle a envie de connaître d'autres gens. Elle partage les idées politiques de ses parents.

Faites une liste de vocabulaire (noms, adjectifs, etc.) pour décrire votre meilleure amie.

_____

_____

_____

_____

Etape 2: S'exprimer par écrit

Rédaction du portrait de votre meilleure amie

Faites le portrait de votre meilleure amie. Employez les mêmes phrases, mais changez les détails en tenant compte de la personnalité de votre meilleure amie et de sa situation.

_____

_____

_____

_____

_____

_____

_____

_____

_____

_____

_____

If you have access to **Système-D** *software, you will find the following information there.*

PHRASES	Describing people
VOCABULARY	Personality, professions
GRAMMAR	Adjective agreement, adjective position

Chapitre 4

Les télécommunications

Activités orales

Perspectives

CD2-14 **A.** **La télé américaine.** Listen carefully to the following conversation between Catherine and Laurent. Then indicate whether the statements below are true or false by writing "**V**" **vrai** (*true*) or "**F**" **faux** (*false*) next to each statement. You may listen to the conversation as many times as necessary.

_____ 1. Laurent a regardé la télévision cinq heures par jour aux Etats-Unis.

_____ 2. Laurent a apprécié la variété des émissions.

_____ 3. Selon Laurent, la qualité de la télévision américaine est mauvaise.

_____ 4. Laurent a trouvé que la télé est un excellent moyen d'apprendre l'anglais.

_____ 5. L'anglais employé dans les émissions de télé est quelquefois très différent de l'anglais qu'on étudie dans les manuels de classe.

Vocabulaire actif

CD2-15 **B.** **Interrogation de vocabulaire.** Complete each sentence with the appropriate word or expression from the list below. Be sure to use the correct form of each term.

allumer la télévision
branchée
changer de chaîne
un feuilleton
éteindre la télévision
privatisée

MODELE   YOU HEAR: On a regardé la télévision pendant quatre heures.
                           Avant de se coucher, il faut...
           YOU SAY: *Avant de se coucher, il faut éteindre la télévision.*

(Items 1–5)

CD2-16 **C. Sondage.** One of your classmates is conducting a poll on television viewing habits. Answer each question, using the cues provided.

> MODELE   YOU HEAR: As-tu regardé la télé hier soir?
> YOU SEE: oui / pendant trois heures
> YOU SAY: *Oui, j'ai regardé la télé hier soir pendant trois heures.*

1. à six heures
2. pour regarder les actualités
3. trois ou quatre soirs
4. à peu près quatre heures
5. non / ne pas aimer
6. oui / plusieurs fois
7. non / détester
8. ER

CD2-17 **D. «La télévision a-t-elle changé nos vies?»** Laurent is watching a human interest story on television focusing on television as an agent of change in our behaviors. The following passage will be read three times. During the first reading, listen to the text—do not write. During the second reading, fill in the blanks with the words that you hear. Finally, during the third reading, check your work and fill in any words you may have missed.

La télévision a-t-elle changé nos vies? Nous regardons les _____ au lieu de lire le

_____. Nous assistons à un spectacle _____ ou culturel _____ et refusons d'aller

au stade ou au _____. Mais l'existence d'un grand nombre de _____ et d'émis-

sions _____ a aussi rendu le monde infiniment plus _____. Oui, la vie s'est transfor-

mée _____; quelquefois pour le mieux, souvent pour le _____.

Structures

CD2-18 **E. Quel cours suivre?** A friend of yours is interested in the sociology course that you are taking this semester. Answer the questions, using the cues provided.

> MODELE   YOU HEAR: Est-ce que tu as suivi un autre cours avec ce prof ?
> YOU SEE: oui
> YOU SAY: *Oui, j'ai suivi un autre cours avec ce prof.*

1. oui
2. non / quelques étudiants
3. oui
4. oui / beaucoup
5. non / jamais
6. oui / sans aucun problème

CD2-19 **F.** **Quelle coïncidence!** A friend whom you haven't seen in a while is telling about his plans for the upcoming weekend. With each announcement you have an increasingly strong feeling of déjà vu. Tell your friend that you did the same things last weekend.

> MODELE   YOU HEAR: Samedi prochain, je vais à une boum.
> YOU SAY: *Samedi dernier, je suis allé(e) à une boum.*

(Items 1–7)

CD2-20 **G.** **Qu'est-ce qui est arrivé?** By mistake, you received a failing grade in one of the classes you took during your summer of study in Montpellier. Your friend is asking you questions about it. Answer the questions, using the cues provided.

> MODELE   YOU HEAR: As-tu parlé au prof?
> YOU SEE: non / pas
> YOU SAY: *Non, je n'ai pas parlé au prof.*

1. non / jamais
2. non / pas
3. non / ni... ni...
4. non / personne
5. non / rien
6. non / pas encore

CD2-21 **H.** **Problème résolu.** After talking with your instructor about your erroneous grade, you meet your friend, who asks you more questions about the mix-up. Answer the questions, using the cues provided.

> MODELE   YOU HEAR: As-tu parlé au prof?
> YOU SEE: oui / déjà
> YOU SAY: *Oui, j'ai déjà parlé au prof.*

1. oui / vraiment
2. oui / brillamment
3. oui / vite
4. oui
5. oui / complètement

CD2-22 **I.** **Ah, oui? Donnez quelques précisions.** You spent last summer in France and made a lot of friends. One of them, Isabelle, calls to give you the latest news from France. Each time that Isabelle tells you something, ask a follow-up question, using **est-ce que** and the cues provided.

> MODELE   YOU HEAR: Paul a passé ses vacances en Italie.
> YOU SEE: combien de temps
> YOU SAY: *Combien de temps est-ce qu'il a passé en Italie?*

1. quand
2. quelle sorte
3. où / trouver
4. avec qui
5. pourquoi
6. à qui

Pratique

CD2-23 **J.** You are doing a summer internship in France in a small family-owned business. When you return from lunch you find a message on the answering machine. Write down the message for your employer. Be as detailed as possible.

Télé-Pratic

Le _____ à _____ heures _____

Pour M _____

_____

_____

Pendant que vous n'étiez pas là,

M _____

_____

_____

_____

Tél. _____

a téléphoné ❏   est passé(e) vous voir ❏

demande de le (la) rappeler ❏

vous rappellera ❏

désire un rendez-vous ❏

a laissé ce message: ❏

_____

_____

_____

_____

_____

_____

CD2-24 **K. Le poste est en panne.** Listen carefully to the following conversation between Marc and the landlady (**propriétaire**) of his apartment. Then indicate whether each statement is true (**vrai**) or false (**faux**) by writing **V** or **F.** You may listen to the conversation as many times as necessary.

_____ 1. Le poste de Marc est en panne.

_____ 2. Marc n'a pas pu allumer le poste.

_____ 3. Marc n'a pas pu régler la couleur.

_____ 4. C'est un vieux récepteur.

_____ 5. Marc a remarqué le problème hier soir.

_____ 6. Il y a un atelier de réparation dans la rue nationale.

_____ 7. Marc va apporter le poste chez M. Duval.

_____ 8. La propriétaire ne veut pas envoyer le poste chez M. Duval.

_____ 9. La propriétaire descend tout de suite chez M. Duval.

CD2-25 **L. Une télévision pour toute la famille.** Listen carefully to the following conversation in which the Sabatier family discusses television-viewing habits and program preferences. Then answer the questions. Reading the questions first will help focus your listening.

1. What would Mme Sabatier like to watch on television this evening?

_____

_____

2. Her son would prefer another program. What would he like to watch?

_____

_____

3. What does M. Sabatier want to watch?

_____

_____

4. Virginie does not share the opinions of either her parents or her brother. What does she suggest?

_____

_____

5. After all the discussion about individual preferences, what does the Sabatier family finally decide to do? Why?

_____

_____

Activités écrites

Structures et *Vocabulaire actif*

A. Que faites-vous? Avec un(e) camarade de classe, vous préparez des questions pour interroger un étudiant français à votre université. Complétez les questions que votre camarade de classe a commencé à préparer. Employez la forme convenable du verbe entre parenthèses.

MODELE Est-ce que les étudiants français (écrire) _____ beaucoup de dissertations pour chaque cours?

     Est-ce que les étudiants français *écrivent* beaucoup de dissertations pour chaque cours?

1. Dans quels cours est-ce que tu (écrire) _____ beaucoup?

2. On (lire) _____ beaucoup avant chaque cours, non?

 En cours d'anglais, est-ce que vous (lire) _____ beaucoup?

3. Combien de cours est-ce que les étudiants français (suivre) _____ par semestre?

 Et toi, combien de cours (suivre) _____- tu ce semestre?

4. Tes camarades de classe et toi, est-ce que vous (prendre) _____ vos repas chez vous ou au restaurant universitaire?

 —Y a-t-il beaucoup d'étudiants qui (prendre) _____ leur repas dans les restaurants à côté du campus?

 —Qu'est-ce que tu (prendre) _____ normalement au petit déjeuner et au déjeuner?

5. Est-ce que tu (mettre) _____ ta moto sur le grand parking avec les voitures ou dans la rue?

6. Qu'est-ce qu'on (mettre) _____ pour aller à une soirée?

 Et tes copains et toi, que (mettre) _____ -vous pour aller à un concert?

7. J'ai entendu dire que les étudiants français (boire) _____ de l'alcool pendant les soirées. C'est vrai?

   Et toi, tu (boire) _____ de l'alcool chaque soir avec ton dîner?

8. Tes camarades de classe et toi, est-ce que vous (connaître) _____ de bons restaurants en ville?

   Tu (connaître) _____ une étudiante américaine qui passe l'année ici à cette université? Elle vient de ta ville natale.

9. Est-ce que les profs te (dire) _____ bonjour quand ils te voient sur le campus?

   Et toi, tu leur (dire) _____ bonjour aussi?

10. Les étudiants (vivre) _____ bien parce qu'ils ont beaucoup d'argent, n'est-ce pas?

   Et toi, tu (vivre) _____ bien, non?

B. Voici ce que tout le monde a fait. Complétez chaque phrase par le passé composé du verbe entre parenthèses pour dire ce que tout le monde a fait le week-end dernier.

MODELE   Dimanche après-midi, je (aller) *suis allé(e)* à un concert de jazz.

1. Moi, je (travailler) _____ à la librairie.

2. Heureusement, on (ne pas donner) _____ de devoirs aux étudiants.

3. Mes professeurs (devoir) _____ corriger nos examens.

4. Samedi soir, mes parents (venir) _____ pour dîner avec moi.

5. Mon (Ma) camarade de chambre (acheter) _____ un ordinateur.

6. Vendredi soir, mes amis et moi (aller) _____ au cinéma.

7. Deux de mes camarades de classe (prendre) _____ le train pour aller à Chicago.

8. Tes amis et toi, est-ce que vous (sortir) _____ dimanche soir?

C. Encore une fois. Mettez les phrases suivantes au passé composé pour indiquer que ces personnes ont déjà fait la même chose la semaine dernière.

MODELE   Nous allons au centre commercial.
          Nous sommes allé(e)s au centre commercial.

1. Ma sœur écrit beaucoup de messages électroniques.

   _____

2. Mes parents me téléphonent dimanche après-midi.

   _____

3. Mes copines viennent dîner avec moi.

   _____

4. Mon (Ma) camarade de chambre achète de nouveaux vêtements.

   _____

5. Le président de l'université parle avec les étudiants.

   _____

6. Moi, je reste chez moi samedi matin.

   _____

7. Mon prof de français regarde la télévision.

   _____

8. L'équipe de basket gagne le match.

   _____

9. Mon (Ma) petit(e) ami(e) m'envoie des fleurs.

   _____

D. A la résidence universitaire. Vous retrouvez votre camarade de chambre à la fin de la journée. Il (Elle) vous pose les questions suivantes. Répondez aux questions en employant le passé composé pour indiquer que vous avez déjà fait ces activités.

MODELE   Tu dînes maintenant? (Non / déjà)
          Non, j'ai déja dîné.

1. Tu sors avec Robert ce soir? (Non / hier soir)

   _____

2. Tu finis tes devoirs maintenant? (Non / déjà)

   _____

3. Tu téléphones à ton (ta) petit(e) ami(e) ce soir? (Non / ce matin)

   _____

4. Tu vas au concert de Garth Brooks? (Non / l'été dernier)

   _____

5. Tu fais du jogging ce soir? (Non / ce matin)

   _____

6. Tu prends un Coca avec moi? (Non / tout à l'heure)

   _____

7. Tu te couches tard ce soir? (Non / hier soir)

   _____

E. L'histoire d'Anne-Marie. Complétez le paragraphe suivant par le passé composé des verbes entre parenthèses en faisant attention à l'accord des participes passés.

Hier, Anne-Marie (vouloir)_____ regarder la télé. Quand elle (rentrer) _____, elle (descendre) _____ au living. Elle (consulter) _____ le programme, elle (choisir) _____ une émission et elle (allumer) _____ le poste. Elle (prendre) _____ un Coca et elle (s'installer) _____ confortablement dans un fauteuil. Mais après quelques minutes devant la télé, elle (décider) _____ de sortir. Elle (se laver) _____ les cheveux, elle (s'habiller) _____ et elle (partir) _____ au cinéma.

F. J'aimerais savoir... Posez une question pour chaque situation pour obtenir plus de détails. Employez le passé composé dans vos questions et posez vos questions directement à la personne appropriée.

> MODELE   Votre copine est sortie le week-end dernier.
> *A quelle heure es-tu sortie?*
> OU *Où es-tu allée?*
> OU *Avec qui es-tu sortie?*

1. Vous avez manqué un cours de français et vous rencontrez le professeur du cours.

   _____

2. Votre camarade de chambre a échoué à un examen d'histoire.

   _____

3. Le président de votre université a décidé d'annuler les cours demain.

   _____

4. Vous rencontrez une nouvelle étudiante qui est arrivée récemment dans cette université.

   _____

5. Votre meilleur ami n'a pas fini sa dissertation pour le cours d'anglais.

   _____

6. Vos parents sont revenus de leurs vacances.

   _____

7. Vous avez reçu un C au dernier examen de français et vous parlez au professeur de l'examen.

   _____

8. Vous pensez faire un voyage en Californie pour la première fois et vous rencontrez une camarade de classe qui vient de Californie.

   _____

G. Cher professeur... Vous faites partie d'un groupe d'étudiants américains à Aix-en-Provence. Vous écrivez une lettre à votre professeur de français. Complétez-la en mettant les verbes au passé composé. Pouvez-vous justifier l'emploi du passé composé dans chaque cas?

Hier, je (j') (accompagner) _____ mon ami français, Philippe, au café. Nous (descendre)

_____ en ville où nous (retrouver) _____ les copains de Philippe au Café Margot.

Nous (s'asseoir) _____ à la terrasse, nous (commander) _____ deux bières et nous

(commencer) _____ à parler avec ses copains. Nous (échanger) _____ nos vues sur

différents sujets. Le temps (passer) _____ vite. A sept heures je (j') (regarder) _____

ma montre et je (j') (penser) _____ au dîner chez Mme Fouché. Nous (payer) _____

nos bières et nous (dire)_____ au revoir aux copains. Nous (se presser) _____, mais

nous (arriver) _____ en retard pour le repas du soir. De toute façon, je (s'amuser) _____

et je (j') (décider) _____ de retourner souvent dans ce café.

H. Quelques événements. Formez trois phrases pour dire ce que vous avez fait pendant chacune des périodes suivantes.

1. Le semestre dernier

MODELE   a. *J'ai suivi cinq cours.*

    b. _____

    c. _____

2. Le week-end dernier

    a. _____

    b. _____

    c. _____

3. Hier

    a. _____

    b. _____

    c. _____

4. Hier soir

    a. _____

    b. _____

    c. _____

5. Ce matin

    a. _____

    b. _____

    c. _____

6. Pendant les vacances

    a. _____

    b. _____

    c. _____

I. Qu'est-ce qu'ils ont fait? Formez trois phrases pour décrire des choses que chacune des personnes suivantes a faites.

1. Mon prof de français

    a. _____

    b. _____

    c. _____

2. Mon (Ma) meilleur(e) ami(e)

    a. _____

    b. _____

    c. _____

3. Mes copains

    a. _____

    b. _____

    c. _____

DIMANCHE

TF1	FRANCE 2	FRANCE 3	CANAL +	FRANCE 5	M6

TF1
6.40 TF ! Jeunesse 7.20 Football, Coupe du monde : Argentine / Nigeria 7.30 Coup d'envoi 9.25 Football, Coupe du monde : Paraguay / Afrique du Sud 11.25 Football, Coupe du monde : Angleterre / Suède 13.25 Football, Coupe du monde : Espagne / Slovénie 15.30 La loi du fugitif 16.15 New York, unité spéciale 17.00 Vidéo gag 18.00 Le maillon faible 19.00 Tous ensemble 20.00 Le journal 20.47 Météo

FRANCE 2
6.20 CD2A 7.00 Thé ou café 8.00 Rencontres à XV 8.30 Émissions religieuses 11.00 Messe 11.50 Midi moins sept 12.05 Chanter la vie. Avec Renaud, Dominique Dussault... 13.00 Journal 13.15 J'ai rendez-vous avec vous 13.45 Un printemps de chien, téléfilm avec Stéphane Audran 15.20 Tennis : Internationaux de France de Roland Garros 19.00 Stade 2 20.00 Journal, Image du jour 20.40 Talents de vie, Météo

FRANCE 3
7.00 TO3 7.35 Bunny et tous ses amis 8.45 F3X : le choc des héros 10.00 C'est pas sorcier 10.30 Échappées sauvages 11.25 12/14 12.50 Tennis : Internationaux de France de Roland Garros 15.25 Keno 15.30 Une femme libérée, téléfilm de Glenn Jordan, avec Lee Remick, Colleen Dewhurst 17.55 Explore, La vallée perdue, doc. 18.50 19/20 20.15 Tout le sport 20.25 Le journal de Roland Garros

CANAL +
8.45 Fausses rumeurs, film 10.10 Space cow-boys, film 12.20 Avant la course (C) 12.30 Journal (C) 12.40 Le vrai journal (C) 13.35 La semaine des Guignols (C) 14.10 Le zapping (C) 14.25 Pulsations mortelles, téléfilm 15.50 Jour de rugby 16.55 Le quinté + La très grande course (C) 18.00 La fille de d'Artagnan, film 20.05 Journal (C) 20.15 Ça cartoon (C) 20.45 + de sport (C) 20.50 Le carnet d'Aimé (C)

FRANCE 5
11.05 Droits d'auteurs 12.00 Carte postale gourmande 12.35 Arrêt sur images 13.30 Les baisers au cinéma 14.05 Les trains fous 15.20 La furie des cieux 16.05 Le coupable idéal 18.05 Ripostes. Spécial justice américaine

ARTE
19.00 Maestro 19.45 Arte info, Météo 20.15 Danse La ville dans la nuit.

M6
8.25 L'étalon noir, série 8.50 Indaba, série 9.15 Studio Sud, série 9.45 M6 Kid 11.10 Chérie, j'ai rétréci les gosses série 11.50 Turbo 12.30 Loft Story 13.20 En quête de justice, téléfilm 1/2, avec Patty Duke, Martin Sheen 15.05 En quête de justice, téléfilm 2/2 16.45 Bugs, série 17.45 Loft story best of 18.55 Sydney Fox, l'aventurière, série 19.54 6 minutes, Météo 20.05 E=M6 20.39 Très sport 20.40 Sport 6

| 20.50 LE LIBERTIN | 20.55 EN PLEIN CŒUR | 20.55 LE SERRE AUX TRUFFES | 21.00 U-571 | 20.40 THEMA LA NUIT DES DIVAS | 20.50 CAPITAL |

LE LIBERTIN
Film de Gabriel Aghion.
Avec Vincent Perez (Denis Diderot) Fanny Ardant (Mme Therbouche) Josiane Balasko (La baronne d'Holbach).
La folle journée d'un libertin appelé par mille plaisirs, attiré par plusieurs femmes et qui doit écrire cependant l'article «Morale» de l'encyclopédie en quelques heures, lui qui ne pense qu'à la volupté... Diderot, aux prises avec une aventurière, subit les délires gastronomiques d'une baronne trop gourmande...

EN PLEIN CŒUR
Film de Pierre Jolivet, 1998.
Avec Virginie Ledoyen (Cécile) Gérard Lanvin (Michel Farnese) Carole Bouquet (Viviane).
Michel est un avocat d'affaires à qui tout réussit. À l'occasion d'un vernissage organisé par Viviane, son épouse, directrice de galerie huppée, une jeune délinquante, Cécile, lui vole son portefeuille. Peu de temps après, la jeune femme et sa copine Samira tentent un casse minable qui tourne mal...

LE SERRE AUX TRUFFES
Téléfilm de Jacques Audoir.
Avec Pierre Vaneck (Pierre-Simon Sigliat) Jean-Michel Fête (Jacques) Stéphanie Braunschweig (Mia).
Depuis des générations, les agriculteurs de la Drôme provençale savent qu'une fortune est enfouie au pied des vieux chênes. Cette fortune s'appelle la truffe. Ici un bon terrain devient l'objet de toutes les convoitises, un bon chien truffier n'a pas de prix...
22.30 Météo, Soir 3

U-571
Film de Jonathan Mostow, 2000.
Avec Matthew McConaughey (Andrew Tyler) Bill Paxton (Mike Dahlgren).
En 1942, les Allemands possèdent une machine à coder leurs messages nommée Enigma, dont les Américains et les Anglais tentent en vain de percer les mystères. Pour y parvenir, la seule solution serait de mettre la main sur une Enigma. L'occasion se présente lorsqu'un sous-marin allemand est torpillé par la marine anglaise...

LA NUIT DES DIVAS
Diva entre toutes, Maria Callas se dévoile dans un très beau portrait réalisé à partir d'archives rares.
20.40 Diva
Film de Jean-Jacques Beineix, 1980.
Avec Wilhelmenia Wiggins Fernandez (Cynthia Hawkins).
Cynthia Hawkins, l'une des plus grandes sopranos du monde, refuse de se faire enregistrer. Jules, jeune postier fasciné par la cantatrice, vole une de ses robes et réalise un enregistrement pirate d'un récital...

CAPITAL
Présenté par Emmanuel Chain.
Produits naturels : un luxe ? Bio : faut-il payer plus cher ? : Le bio a le vent en poupe : les ventes ont doublé en 4 ans et un nouveau produit est lancé chaque semaine. **La guerre secrète du parfum** : Un marché à haut risque : chaque année, sur 250 nouveaux parfums lancés en France, seulement 12 survivent. **Thé : la fortune mondiale** : C'est, après l'eau, la boisson la plus consommée au monde...

22.50 Film
Copland
Film de James Mangold.
Avec Sylvester Stallone (le shérif Freddy Heflin) Robert de Niro (Moe Tilden) Harvey Keitel (Ray Donlan).
Garrison, petite ville du New-Jersey, est baptisée "Copland" en raison de la forte concentration de policiers new-yorkais qui y résident. Freddy Heflin, à moitié sourd depuis la tentative de sauvetage d'une accidentée, y exerce la profession de shérif tout en rêvant encore d'entrer un jour dans la police de New York...

0.45 La vie des médias

22.40 Magazine
Double je
Présenté par **Bernard Pivot**.
Spéciale New York.
Rencontres avec des francophones de New York... **Paul Auster**, écrivain, **Anne Insdorf**, professeur de l'histoire du cinéma à Columbia University, **Richard Seaver**, éditeur, **John Simon**, critique dramatique, **Shashi Tharoor**, Indien, haut responsable de l'ONU, écrivain...
00.15 Journal de la nuit
00.40 Retour à Roland Garros
Résumé de la journée.
1.05 Savoir plus santé, redif.
1.55 Thé ou café, redif.

23.00 Magazine
France Europe express
Présenté par **Christine Ockrent**, avec **Gilles Leclerc** et **Serge July**.
00.00 Cinéma de minuit
Vendredi 13
Film de Victor Saville, 1933, VO.
Avec Jessie Matthews (Millie) Sonnie Hale (Alf).
A Londres, une minute avant minuit, le vendredi 13, la foudre frappe une grue de travaux publics qui s'effondre....
01.30 Moto
Grand Prix d'Italie.
En différé de Florence (Italie).
2.25 Soir 3 du 2/6 1982

22.55 Sport
Boxe thaï
Présenté par **Christian Delcourt**, à Marseille.
00.25 La saison des hommes
Film de Moufida Tlatli, 2000.
Avec Rabiaa Ben Abdallah (Aïcha) Sabah Bouzouita (Zeineb).
Aïcha a épousé Saïd à l'âge de 18 ans. Mais comme ses frères, Saïd travaille onze mois par an à Tunis et laisse sa femme à Djerba sous l'autorité de sa mère...
2.20 Surprises **3.05** Basket américain, Finale Game 1 **6.00** Surprises **6.15** Dans la nature avec Stéphane Peyron, doc.

22.35 Documentaire
Au cœur de la lumière
La nuit des divas
Pour ce film magique, André Heller a imaginé et mis en scène un mythe moderne : tous les trente-trois ans, les plus belles voix féminines se réunissent en Sicile, dans une grotte secrète, dans le seul but de s'encourager...
23.55 Passion Callas
Passion Callas est le portrait d'une combattante fragile, d'une militante du travail musical, d'une adepte de la "belle ouvrage"...
1.10 les déracinés, téléfilm 1/2 redif.

22.55 Magazine
Culture pub
Présenté par **Christian Blachas** et **Thomas Hervé**.
Les marques qui changent de noms : France télécom a investi 30 millions d'Euros pour imposer Orange en lieu et en place d'Itineris... **Trop moche pour toi ?** : Un esprit retors dans un corps moche, voici le sacro-sainte devise du publicitaire en mal d'originalité.
23.20 Jeux privés
Téléfilm érotique d'Edward Holzman.
Avec Jeff Griggs.
1.00 Sport 6, Météo **1.15** Turbo **1.45** M6 Music

CINE CINEMAS 1	CINE CLASSICS	CINESTAR 1	CINETOILE	DISNEY CHANNEL	MCM

CINE CINEMAS 1
20.45 Film
Capitaine Conan
Film de Bertrand Tavernier.
Avec Philippe Torreton.
22.55 Film
Le grand saut
Film de J. et E. Coen, 1994.
Avec Tim Robbins.
00.45 Film
La carte du cœur
Film de Willard Carroll, 1999.

CINE CLASSICS
20.45 Film
Les chemins de la haute ville
Film de Jack Clayton, 1958.
Avec Simone Signoret.
22.40 Documentaire
Montand, le film
00.55 Film
Babette s'en va-t-en guerre
Film de Christian-Jaque, 1958.

CINESTAR 1
20.45 Film
Une femme d'extérieur
Film de Christophe Blanc, 1999.
Avec Agnès Jaoui.
22.40 Film
À la vie, à la mort !
Film de Robert Guédiguian.
Avec Ariane Ascaride.
00.25 Film
Vampires
Film de John Carpenter.

CINETOILE
21.00 Film
Témoin à charge
Film de Billy Wilder, 1958.
Avec Marlène Dietrich.
23.00 Film
Bethsabee
Film de Leonide Moguy, 1947.
Avec Paul Meurisse.
00.35 Film
Attaque au Cheyenne Club

DISNEY CHANNEL
19.00 Téléfilm
Ma sœur est une extra-terrestre
20.30 Série
Disney's tous en boîte
21.00 Série
Aux frontières de l'étrange
21.20 Série
Unité 156

MCM
20.45 Clips
90's TV
21.45 Clips
Starter TV
22.45 Magazine
Le JDM
23.00 Magazine
Fusion
23.30 Magazine
Sub Culture

PARIS PREMIERE	MONTE CARLO	RTL 9	SERIE CLUB	EUROSPORT	PLANETE

PARIS PREMIERE
21.00 Film
Hoffa
Film de Danny de Vito, 1992.
Avec Danny de Vito, Jack Nicholson, Armand Assante.
23.15 Magazine
L'actors studio
Kevin Costner.
00.10 Magazine
Paris modes
Les tendances japonaises.

MONTE CARLO
20.55 Film
À la recherche du passé
Film de Jeroen Krabbe, 1998.
Avec Isabella Rossellini.
22.40 Magazine
Dimanche mécanique
00.00 Magazine
Glisse n'co
00.30 Série
Arliss

RTL 9
20.45 Film
Tequila sunrise
Film de Robert Towne, 1988.
Avec Mel Gibson, Kurt Russell, Michelle Pfeiffer.
22.45 Film
Nightwatch
Film d'Ole Bornedal, 1994.
Avec Nikolaj Coster-Waldau.
00.25 Série érotique
Aphrodisia

SERIE CLUB
20.50 Série
The west wing
Ennemis.
21.40 Série
The Practice :
Donnell & Associés
22.30 Série
Oz
23.30 Série
Bienvenue en Alaska

EUROSPORT
20.30 Football
Coupe du monde
Argentine / Nigéria.
21.55 Football
Coupe du monde
Angleterre / Suède.
22.45 Football
Coupe du monde
Espagne / Slovénie.
23.15 Magazine
Eurosport soir

PLANETE
20.45 Document
Missions aériennes au Vietnam 1/12
La contre-insurrection.
21.40 Document
Missions aériennes au Vietnam 2/12
L'armée des ombres.
22.35 Document
Les ailes de légende 15/38
Le B-57 Martin Camberra.

Pratique culturelle

J. Boumboum Télévision. Identifiez la chaîne de télévision qui correspond à chacune des émissions suivantes en vous référant au programme *Boumboum Télévision* à la page précédente.

1. Basket américain, Finale Game _____
2. un film de Danny de Vito et Jack Nicholson _____
3. un film de Pierre Jolivet _____
4. Football, Coupe du monde: Argentine/Nigeria _____
5. Carte postale gourmande _____
6. un téléfilm: «Ma sœur est une extra-terrestre» _____
7. le zapping _____
8. Thé: la fortune mondiale:
   C'est après l'eau, la boisson la plus consommée au monde. _____

K. Mes préférences. Pour chacune des catégories suivantes, indiquez votre choix en écrivant le titre, la chaîne et l'heure de l'émission.

1. un film français
2. une série américaine
3. une émission de sports
4. un documentaire
5. un magazine
6. votre choix

la chaîne   l'heure

_____   _____
_____   _____
_____   _____
_____   _____
_____   _____

le titre

_____
_____
_____
_____
_____

La rédaction par étapes
«Une soirée télé»

Etape 1: Préparation

La télé et moi. Composez quelques phrases (5 à 8) au présent pour décrire quand, où et avec qui vous regardez la télévision d'habitude. Dites aussi ce que vous aimez regarder (des comédies, des documentaires, des films, une émission précise).

_____

_____

_____

_____

_____

_____

_____

_____

_____

_____

Etape 2: S'exprimer par écrit

Composez quelques phrases (5 à 8) au passé composé pour décrire ce que vous avez regardé à la télévision la semaine dernière. Précisez également quand, où et avec qui vous avez vu ces émissions.

_____

_____

_____

_____

_____

_____

_____

_____

_____

---

*If you have access to **Système-D** software, you will find the following information there.*

PHRASES	Sequencing events, telling time	
VOCABULARY	Days of the week, time of day	
GRAMMAR	Compound past tense: **passé composé**, verbs with auxiliary **avoir** or **être**	

Chapitre 5

La presse et le message

Activités orales

Perspectives

CD3-2 **A. Corinne à Paris.** Listen carefully to the following conversation between Corinne and Julien. Then indicate whether the statements below are true or false by writing "V" **vrai** (*true*) or "F" **faux** (*false*) next to each statement. You may listen to the conversation as many times as necessary.

_____ 1. Corinne est allée à Paris parce qu'elle voulait voir une exposition d'art.

_____ 2. A Paris, Corinne a acheté une nouvelle voiture.

_____ 3. Pour s'amuser, Corinne a visité des musées et elle est allée au cinéma.

_____ 4. Finalement, Corinne a passé trois jours en Normandie.

_____ 5. Elle est restée à Paris plus longtemps que prévu.

Vocabulaire actif

CD3-3 **B. La presse à l'université.** You will hear a series of questions about the student newspaper at your school. Answer the questions truthfully.

MODELE   YOU HEAR: Est-ce que le journal de votre université est un quotidien?
              YOU SAY: *Oui, le journal de notre université est un quotidien.*
              OR   *Non, le journal de notre université n'est pas un quotidien.*

(Items 1–6)

CD3-4 **C. «Quel journal lisez-vous?»** Christophe and Mireille have different tastes in daily newspapers. The following passage will be read three times. During the first reading, listen to the text—but do not write. During the second reading, fill in the blanks with the words that you hear. Finally, during the third reading, check your work and fill in any words you may have missed.

Christophe n'a pas hésité avant de _____ quand on lui a posé une question sur son journal

_____. Quand il était _____, il lisait une variété de _____. Mais depuis

qu'il a _____ ses études, il continue à _____ *Le Monde*. Mireille n'a pas hésité non

plus quand on lui a demandé de donner son _____. Pour elle, par contre, c'est *Libération* qui

présente une _____ plus complète de la France _____. Se sont-ils trompés dans les

_____ qu'ils ont donnés à la personne qui leur avait posé la question?

Structures

CD3-5 **D. La télé quand vous étiez enfant.** A reporter from the magazine *L'Express* wants to interview you about your television-viewing habits when you were a child. Answer the questions.

> MODELE YOU HEAR: Regardiez-vous la télé avec vos copains?
> YOU SAY: *Oui, je regardais la télé avec mes copains.*
> OR *Non, je ne regardais pas la télé avec mes copains.*

(Items 1–9)

CD3-6 **E. Le semestre dernier.** You are with a friend from another university. Answer your friend's questions about your experiences last semester.

> MODELE YOU HEAR: Parlais-tu souvent avec tes copains?
> YOU SAY: *Oui, je parlais souvent avec mes copains.*
> OR *Non, je ne parlais pas souvent avec mes copains*

(Items 1–8)

CD3-7 **F. La vie d'étudiant.** A reporter from a French newspaper is doing research on the daily lives of American students. Answer the reporter's questions about your activities last night. You will hear questions using the **imparfait** or the **passé composé.** Your response should be in the same tense as the question.

> MODELE YOU HEAR: Aviez-vous des devoirs hier?
> YOU SAY: *Oui, j'avais des devoirs hier.*
> OR *Non, je n'avais pas de devoirs hier.*

(Items 1–7)

CD3-8 **G. On a tout prévu.** In a phone conversation with your parents, you describe how organized and well-prepared your new roommate is. Each time you were planning to do something, you found out that he or she had already done it. Complete the statements that you hear, saying that Michel (Michèle) had already done each thing.

> MODELE YOU HEAR: J'allais acheter un tapis pour la chambre, mais...
> YOU SAY: *Michel (Michèle) avait déjà acheté un tapis pour la chambre.*

(Items 1–6)

CD3-9 **H. Des dates importantes.** You will hear a series of important dates. Write the year that you hear. After you have written all the years, write a brief note indicating why you think each date is significant.

a. _____ _____

b. _____ _____

c. _____ _____

d. _____ _____

e. _____ _____

f. _____ _____

Pratique

CD3-10 **I.** You are doing a summer internship in France in a small family-owned business. When you return from lunch you find a message on the answering machine. Write down the message for your employer. Be as detailed as possible.

Télé-Pratic

Le _____ à _____ heures _____

Pour M _____

Pendant que vous n'étiez pas là,

M _____

_____

Tél. _____

a téléphoné ❏   est passé(e) vous voir ❏

    demande de le (la) rappeler ❏

    vous rappellera ❏

    désire un rendez-vous ❏

    a laissé ce message: ❏

_____

_____

_____

_____

CD3-11 **J.** **L'homme qui aimait les femmes.** Listen carefully to the following conversation between Béatrice and Jerry. Then indicate whether each statement is true (**vrai**) or false (**faux**) by writing **V** or **F.** You may listen to the conversation as many times as necessary.

_____ 1. Béatrice a raté le film de Truffaut à la télé.

_____ 2. Jerry n'a pas vu le film de Truffaut à la télé.

_____ 3. Le titre du film était *Les Hommes et les femmes.*

_____ 4. Béatrice connaissait déjà ce film.

_____ 5. Béatrice a pensé à Jerry quand elle a vu le film.

_____ 6. Jerry aime beaucoup les films de Truffaut.

_____ 7. Béatrice a trouvé qu'il y avait dans la vie de Jerry le sujet d'un film.

_____ 8. La vie de Jerry est vraiment devenue une légende.

CD3-12 **K.** **Ma lecture préférée.** Listen carefully to the following conversation in which three friends discuss their reading interests. Then, answer the questions. Reading the questions first will help focus your listening.

1. Name two of the three newspapers or magazines mentioned in the conversation.

   _____

   _____

2. What kinds of things does Mireille like to read?

   _____

   _____

3. What is the title of the detective novel?

   _____

4. Briefly summarize the plot of the novel (two or three sentences).

   _____

   _____

   _____

5. This novel is one in a series of titles—name one of the others.

   _____

Nom _____ Date _____

Activités écrites

Structures et Vocabulaire actif

A. C'était comme ça. Répondez aux questions en mettant les verbes à l'imparfait pour décrire la situation et les circonstances d'autrefois.

> MODELE   Est-ce que tu manges toujours au restaurant universitaire?
> Plus maintenant, non, mais je *mangeais* toujours au Resto U pendant ma première année.

1. As-tu beaucoup d'examens en cours?

   Plus maintenant, non, mais j'_____ beaucoup d'examens quand j'étais au lycée.

2. Est-ce que tes cours sont difficiles?

   Non, mais les cours _____ difficiles quand j'ai commencé à l'université.

3. Ton (Ta) meilleur(e) ami(e) achète-t-il (elle) des bandes dessinées?

   Non, mais il (elle) _____ tout le temps des bandes dessinées quand il (elle) avait seize ans.

4. As-tu beaucoup de travail ce semestre?

   Non, mais j'_____ beaucoup de travail le semestre dernier quand je suivais six cours.

5. Tes amis et toi, regardez-vous *Melrose Place* chaque semaine?

   Non, mais nous _____ toujours *Melrose Place* il y a trois ou quatre ans.

6. Aimes-tu regarder la télé?

   Je n'ai pas le temps de regarder la télé ces temps-ci, mais j'_____ la télé quand j'étais au lycée.

7. Fais-tu souvent le marché?

   Non, mais je _____ les courses quand j'habitais seul(e).

8. Fumes-tu?

   Non, parce que mes parents _____ beaucoup quand j'étais jeune.

B. Un(e) fanatique de la télé. D'abord, mettez les verbes entre parenthèses à la forme convenable de l'imparfait. Ensuite, mettez à côté du verbe la lettre correspondant au cas qui justifie l'emploi de l'imparfait.

   a. Decor or simultaneous action

   b. Habitual action

   c. State or condition

   d. Idiomatic use

   MODELE   Quand j' (être) *étais* (c) jeune, je (regarder) *regardais* (b) souvent la télé.

Tous les jours, je (rentrer) _____ _____ de l'école, j' (allumer) _____

_____ le poste et je (s'installer) _____ _____ devant le petit écran.

Je (rester) _____ _____ là pendant des heures. Je (préférer) _____

_____ les vidéoclips sur MTV et les feuilletons. Je ne (vouloir) _____

_____ pas rater un seul épisode de *All My Children*. Malheureusement, pendant que je (regarder)

_____ _____ ces émissions, je n' (étudier) _____ _____ pas,

et mon travail en (souffrir) _____ _____ énormément. Chaque fois qu'il y (avoir)

_____ _____ un examen, mes notes (devenir) _____ _____

de plus en plus mauvaises. Heureusement que cette télé est tombée en panne!

C. Déjà? Complétez chaque phrase par le plus-que-parfait du verbe entre parenthèses. L'adverbe (**déjà**, **encore**) est placé entre le verbe auxiliaire et le participe passé.

   MODELE   Quand le taxi est arrivé, je (ne pas encore faire) *n'avais pas encore fait* ma valise.

   1. Quand je suis arrivé(e), la classe (commencer déjà) _____.

   2. Mon copain est venu à trois heures, mais je (j') (partir déjà) _____.

   3. Quand on a allumé le poste, la présentatrice (annoncer déjà) _____ le programme.

   4. Je ne pouvais pas aller au café, parce que je (ne pas encore finir) _____ ma dissertation.

   5. Je voulais acheter le bouquin de ma copine, mais elle (vendre déjà) _____ tous ses livres.

   6. Elle n'est pas allée à la soirée, parce que la dernière fois elle (ne pas bien s'amuser) _____.

   7. Heureusement, avant l'arrivée de la télé par câble, mes parents (acheter déjà) _____ un récepteur en couleurs.

   8. Ce garçon a échoué au bac parce qu'il (ne pas étudier) _____.

D. Et avant? Pour chaque annonce de votre camarade de classe, posez-lui une question sur ce qu'il (elle) avait déjà fait avant l'activité annoncée. Employez **est-ce que** et le plus-que-parfait.

MODELE   Je suis allé(e) à la bibliothèque après le dîner hier soir.
                Où est-ce que tu étais allé(e) pour dîner hier soir?
          OU   *Pourquoi est-ce que tu ne m'avais pas téléphoné avant d'aller à la bibliothèque?*

1. Au moment d'arriver en classe, je me suis rendu compte du fait que j'avais perdu mes devoirs.

   _____

2. J'ai passé un examen dans mon cours de maths hier.

   _____

3. Vendredi dernier, je suis sorti(e) à un concert de rock.

   _____

4. Pendant mes dernières vacances d'été, j'ai voyagé en Europe.

   _____

E. Un rendez-vous avec Philippe. Pendant votre séjour en France, vous parlez avec votre meilleur(e) ami(e) de ce que vous avez fait la journée précédente. Complétez la description en mettant les verbes entre parenthèses au passé composé ou à l'imparfait selon le contexte.

Hier, il (faire) _____ très beau et je (j') (accompagner) _____ mon ami français

Philippe au café. Nous (descendre) _____ en ville où nous (retrouver) _____ les

copains de Philippe au Café Margot. Nous (s'asseoir) _____ à la terrasse, nous (commander)

_____ deux bières qui (être) _____ très froides et nous (commencer) _____

à parler avec ses copains. Nous (regarder) _____ les gens qui (passer) _____ devant

le café; ils (se presser) _____ car c' (être) _____ la fin de l'après-midi. Nous (parler)

_____ de beaucoup de sujets différents. Le temps (passer) _____ vite. Nous (être)

_____ là depuis deux heures et nous (venir) _____ de commander une autre bière,

quand je (j') (regarder) _____ ma montre et je (j') (penser) _____ au dîner chez Mme

Fouché. Je (ne pas vouloir) _____ manquer un de ses bons repas. Nous (payer) _____

nos bières et nous (dire) _____ au revoir aux copains. Nous (se presser) _____, mais

nous (arriver) _____ en retard pour le repas du soir. Madame Fouché (se fâcher) _____

un peu, mais en fait, elle (savoir) _____ que nous (avoir besoin) _____ de nous déten-

dre. De toute façon, je (s'amuser) _____ et je (j') (décider) _____ de retourner souvent

dans ce café.

F. L'après-midi d'Anne-Marie. Complétez le paragraphe suivant en mettant chaque verbe entre parenthèses au temps du passé qui convient.

Hier, Anne-Marie (vouloir) _____ regarder la télé parce qu'elle (s'ennuyer) _____.

Quand elle (rentrer) _____, elle (descendre) _____ au living. Puisqu'elle ne (savoir)

_____ pas quelles émissions (être) _____ bonnes, elle (consulter) _____

le programme, puis elle (choisir) _____ une émission et elle (allumer) _____ le poste.

Elle (désirer) _____ surtout voir son feuilleton préféré. Elle (prendre) _____ un Coca

et (s'installer) _____ confortablement dans un fauteuil. Elle (commencer) _____ à

regarder la télé, mais elle (ne pas trouver) _____ l'émission qu'elle (désirer) _____

voir. Elle (être) _____ confuse, mais elle (se rendre compte) _____ qu'elle (se

tromper) _____ de jour. C' (être) _____ mardi! Elle (décider) _____ de

sortir. Elle (se laver) _____ les cheveux, elle (s'habiller) _____ et elle (partir)

_____ au cinéma vers 18h. Il (être) _____ temps parce qu'elle (arriver)

_____ au moment où on (fermer) _____ la porte.

G. Un dîner superbe! Vous venez de rentrer d'un dîner pour dix personnes chez des amis. C'était une soirée très réussie! Vos amis avaient tout prévu. Racontez ce que vos amis avaient fait avant l'arrivée des invités pour assurer le succès du dîner.

MODELE   décorer l'appartement
Ils avaient décoré l'appartement.

1. envoyer des invitations

_____

2. acheter des provisions

_____

3. nettoyer l'appartement

_____

4. trouver des chaises supplémentaires

_____

5. téléphoner à tous les invités

_____

6. choisir la musique

_____

7. faire la cuisine

_____

8. allumer des bougies

_____

H. Que faisait-on? Imaginez que vous interviewez une personne de 40 ou 50 ans au sujet des télécommunications pendant sa jeunesse. Composez au moins six ou huit questions à poser sur les journaux et la télévision de l'époque.

_____

_____

_____

_____

_____

_____

_____

_____

_____

_____

_____

_____

I. Quelle est la date... ? Ecrivez en toutes lettres les dates suivantes.

MODELE   la date de votre examen de fin de semestre pour ce cours
le vingt décembre

1. la date de votre anniversaire

_____

2. la date d'anniversaire de votre meilleur(e) ami(e)

_____

3. l'année où le dernier président des Etats-Unis a été élu

_____

4. l'année où le dernier président de la République française a été élu

_____

5. l'année de la Révolution française

_____

6. la date où vous avez commencé cette année scolaire

_____

7. la date du premier jour d'été

_____

Pratique culturelle

L'information de 60 millions de Français

L'arrivée de la monnaie unique a constitué un véritable défi de communication. Certains messages concernaient tous les publics, notamment le taux de conversion de l'euro, le calendrier d'introduction de l'euro scriptural puis fiduciaire, ou encore la nécessité d'acquérir une nouvelle échelle de prix. La communication, via les médias traditionnels, a trouvé une place privilégiée dans le dispositif et rythmé la préparation des Français tout au long de l'année 2001.

Un slogan porteur et des valeurs largement partagées

Pour rendre leur communication bien identifiable, les pouvoirs publics ont choisi de mettre en avant une jeune adolescente, Lise, porte-parole du message «L'euro, c'est plus facile ensemble». Elle a incarné quatre valeurs fortes: la proximité, l'avenir, la simplicité et la solidarité. Tout au long de l'année 2001 et jusqu'au début de l'année 2002 elle a fait passer, à la télévision tout d'abord, mais également sur les guides, les affiches et de nombreuses brochures, des messages simples, concrets et pratiques, insistant notamment sur le calendrier du passage à l'euro.

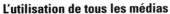

L'utilisation de tous les médias

En complément des campagnes télévisées des pouvoirs publics, France Télévision a diffusé, d'avril à décembre 2001, une série de programmes courts, «Les jours euros», en partenariat avec le MINEFI et l'Union europénne. Ces saynètes présentaient une famille confrontée aux questions pratiques posées par l'arrivée de l'euro.

La radio a également permis de communiquer tout au long de l'année sur l'arrivée de la monnaie unique. Parallèlement à la campagne grand public de début d'année, des messages destinés aux entreprises ont été diffusés sur toutes les radios nationales, portant sur les principales fonctions de l'entreprise concernées par le passage à l'euro.

La presse écrite, nationale, régionale et professionnelle, a également été mise à contribution pour véhiculer l'ensemble des messages et, notamment, inciter les consommateurs à se construire une échelle de valeurs en les entraînant, dès le printemps, à mémoriser les prix de produits de consommation courante en euros. (...) Une campagne nationale d'affichage sur 12 000 panneaux, réalisée en partenariat avec quatre afficheurs nationaux, a par ailleurs permis, durant la première semaine de janvier 2002, de mettre en avant la nécessaire solidarité qui devait présider à l'arrivée des pièces et billets en euros. Enfin, des affiches ont permis de présenter les pièces et les billets dans les lieux publics.

Source: Ministère de l'économie, des finances et de l'industrie

J. **Le rôle des médias dans la campagne Euro.** Lisez le texte à la page précédente sur le rôle des médias dans la campagne Euro et répondez aux questions suivantes.

1. Quels messages au public étaient très importants en 2001 pour préparer les Français à l'arrivée de l'euro?

   _____

   _____

2. Pour quelles raisons est-ce qu'on a choisi une jeune adolescente pour servir de porte-parole du message pendant cette transition importante?

   _____

   _____

3. Comment la télévision nationale a-t-elle contribué à informer le public?

   _____

   _____

4. Pourquoi est-ce qu'on a souligné le besoin de solidarité pendant cette transition?

   _____

   _____

La rédaction par étapes

Etape 1: Préparation

Pour chaque génération, il y a un événement historique qui a changé profondément la pensée de cette génération. Pour une génération, cet événement était la Deuxième Guerre mondiale, pour une autre génération, l'assassinat du Président des Etats-Unis, John Kennedy, a bouleversé leur monde. Il y a beaucoup d'autres exemples. Choisissez un événement historique auquel vous vous identifiez. Ecrivez huit phrases pour décrire ce qui s'est passé. Il faut décider si la phrase doit être au passé composé ou à l'imparfait.

_____

_____

_____

_____

_____

_____

_____

_____

_____

Etape 2: S'exprimer par écrit

Rédaction d'un récit historique (emploi du temps passé)

Vous allez raconter au passé et sous forme de narration les événements évoqués plus haut. En présentant les faits, ajoutez quelques détails pour donner une idée de ce qui se passait au moment où chaque événement a eu lieu. Employez tous les temps du passé que vous connaissez.

_____

_____

_____

_____

_____

_____

_____

_____

_____

---

*If you have access to **Système-D** software, you will find the following information there.*

GRAMMAR Compound past tense: **Passé composé**
Past imperfect: **Imparfait**
Pluperfect: **Plus-que-parfait**

Chapitre **6**

Le mot et l'image

Activités orales

Perspectives

CD3-13 **A.** **Les amateurs de cinéma.** Listen carefully to the following conversation between Christine and Philippe. Then indicate whether the statements below are true or false by writing "**V**" **vrai** (*true*) or "**F**" **faux** (*false*) next to each statement. You may listen to the conversation as many times as necessary.

_____ 1. Philippe préfère le cinéma américain.

_____ 2. Un metteur en scène, c'est une personne qui annonce un film.

_____ 3. Christine adore les films classiques.

_____ 4. Christine retourne souvent voir le même film si c'est une superproduction.

_____ 5. Il y a en ce moment au ciné-club de l'université un festival des films de Truffaut.

Vocabulaire actif

CD3-14 **B.** **Interrogation de vocabulaire.** Complete each sentence with the appropriate word or expression from the list below. Be sure to use the correct form of each term.

un acteur

une séance

une affiche

un dessin animé

des sous-titres

une vedette

une version originale

MODELE   YOU HEAR: Une personne qui joue un rôle dans un film...
YOU SAY: *C'est un acteur.*
OR   *C'est une actrice.*

(Items 1–6)

CD3-15 **C. Un sondage sur le cinéma.** You are participating in an opinion poll on movie experiences and preferences. Answer the following questions truthfully.

> MODELE YOU HEAR: Est-ce que vous aimez les films d'épouvante?
> YOU SAY: *Oui, j'aime les films d'épouvante.*
> OR *Non, je n'aime pas les films d'épouvante.*

(Items 1–7)

CD3-16 **D. Etes-vous un expert en cinéma?** How many of the following questions about the movie world are you able to answer?

> MODELE YOU HEAR: Quel acteur a joué le rôle principal dans le film américain *Autant en emporte le vent?* C'est un homme.
> YOU SAY: *Clark Gable a joué le rôle principal dans le film* Autant en emporte le vent.

(Items 1–7)

CD3-17 **E. Le cinéma français.** Can French cinema compete with television and videocassettes? The following passage will be read three times. During the first reading, listen to the text—do not write. During the second reading, fill in the blanks with the words that you hear. Finally, during the third reading, check your work and fill in any words you may have missed.

Combien de fois a-t-on décidé de regarder une _____ plutôt que d'aller au cinéma? Le

magnétoscope va-t-il remplacer _____ _____ _____? Quelle partie de la

population _____ encore les salles de cinéma? On dit que ce sont les adolescents qui vont au

ciné deux fois _____ _____ que les adultes. Quels sont les films qui _____

le mieux en France? Les _____ et les grands spectacles _____ attirer la majorité

des _____. Mais le public est-il assez nombreux pour _____ au cinéma français de

survivre?

Structures

CD3-18 **F. Je ne t'ai pas entendu(e).** You and a French friend are talking on the phone, but the connection is bad. Using the cues provided, ask questions to clarify what your friend has said. Use inversion to formulate your questions.

> MODELE YOU HEAR: Nous allons sortir parce que...
> YOU SEE: pourquoi
> YOU SAY: *Pourquoi allez-vous sortir?*

1. quand
2. pourquoi
3. à quelle heure
4. comment
5. où
6. combien
7. où
8. à quelle heure

CD3-19 **G. A quelle heure ouvre... ?** As you phone to check the opening and closing times of various places you plan to visit, write down the times and restate them in conversational time.

> MODELE   YOU HEAR: Le musée d'art moderne ouvre à 14 h.
> YOU WRITE: *14h = 2 h de l'après-midi*

1. _____

2. _____

3. _____

4. _____

5. _____

6. _____

7. _____

CD3-20 **H. Rêvez-vous d'être journaliste?** A famous French actress, Catherine Deneuve, is visiting your campus and you are interviewing her for your school newspaper. Using the cues provided, ask a question about each statement.

> MODELE   YOU HEAR: Je travaille avec des acteurs très célèbres.
> YOU SEE: avec qui
> YOU SAY: *Avec qui est-ce que vous travaillez?*

1. auxquelles

2. de quoi

3. qui est-ce que

4. de qui s'agit-il

5. qui est-ce que

6. lequel / préférer

7. qu'est-ce que / faire

Pratique

CD3-21 I. You are doing a summer internship in France in a small family-owned business. When you return from lunch you find a message on the answering machine. Write down the message for your employer. Be as detailed as possible.

Télé-Pratic

Le _____ à _____ heures _____

Pour M _____

Pendant que vous n'étiez pas là,

M _____

_____

Tél. _____

a téléphoné ❑   est passé(e) vous voir ❑

    demande de le (la) rappeler ❑

    vous rappellera ❑

    désire un rendez-vous ❑

    a laissé ce message: ❑

_____

_____

_____

_____

CD3-22 J. Un vieux film d'Elvis Presley. Listen carefully to the following conversation between Marc and Béatrice. Then circle the letter of the choice that best answers each question. You may listen to the passage as many times as necessary.

   1. Qu'est-ce qui se passe ce soir?

     a. Marc et Christine vont chez Béatrice.

     b. Béatrice va au cinéma sans Marc ni Christine.

     c. Marc et Christine vont voir un film avec Béatrice.

2. Pourquoi faut-il partir à huit heures?
   a. Le cinéma Royal est en ville.
   b. Marc ne sait pas où se trouve le cinéma.
   c. Béatrice ne sait pas où se trouve le cinéma.

3. Qu'est-ce que c'est qu'un film en version originale?
   a. C'est un film américain doublé en français.
   b. C'est un film américain en anglais.
   c. C'est un film français en anglais.

4. Quel film est-ce qu'on passe ce soir au Royal?
   a. Il y a un film d'Elvis Presley en français.
   b. Il y a un film où Elvis Presley chante en français.
   c. Il y a un film d'Elvis Presley entièrement en anglais.

CD3-23 **K. Allons au cinéma!** Listen carefully to the following conversation in which three friends discuss various movies that will be in town over the weekend. Then, answer the questions. Reading the questions first will help focus your listening.

ARMAND

1. Which film does Armand suggest seeing?

   _____

2. What time is the film?

   _____

3. Who is the main actor?

   _____

4. Do they decide to see this film? Why or why not?

   _____

MARGUERITE

1. Which film does Marguerite want to see?

   _____

2. What is the film about?

   _____

3. Do they decide to see this film? Why or why not?

   _____

NICOLE

1. Nicole suggests a film festival showing films from the career of which famous actor or actress?

   _____

2. What time is the showing?

   _____

3. What do the three friends finally decide to do, and where will they meet?

   _____

Activités écrites

Structures et *Vocabulaire actif*

A. Comment ça se passe en France? Votre correspondant(e) en France vous a écrit une lettre au sujet du cinéma. Vous lui écrivez une réponse. Pour chacune des phrases ci-dessous, posez une question logique.

MODELE Les cinémas se trouvent en général au centre-ville.
      Est-ce qu'il y a de bons transports en commun?
   OU *Comment vous rendez-vous au centre-ville?*

1. Ça ne coûte pas cher d'aller au cinéma.

   _____

2. Les séances sont nombreuses.

   _____

3. Nous nous retrouvons devant le cinéma.

   _____

4. Avec une carte d'étudiant, on peut obtenir un prix plus intéressant.

   _____

5. D'habitude, je préfère les films classiques.

   _____

6. Après le film, nous allons souvent au café pour bavarder.

   _____

7. Je vais trois ou quatre fois par mois au cinéma.

   _____

8. C'est une façon de s'amuser ensemble sans dépenser trop d'argent.

   _____

B. Un acteur très célèbre. Gérard Depardieu a joué dans beaucoup de films français et dans plusieurs films américains. Imaginez qu'il vient sur votre campus pour parler aux étudiants. Préparez six questions que vous voulez lui poser. Employez les éléments de la liste suivante.

A quelle heure	Combien de	Quand
Pourquoi	Comment	Où

_____

_____

_____

_____

_____

_____

C. A quelle heure? Vous posez des questions à une étudiante qui habite à la Maison française sur son emploi du temps. Employez les éléments indiqués pour lui demander à quelle heure les activités suivantes se passent.

MODELE   tu / se lever
A quelle heure est-ce que tu te lèves?

1. tu / prendre le petit déjeuner

_____

2. tu / avoir ton premier cours le lundi

_____

3. tes cours / se terminer le vendredi

_____

4. tu / commencer à étudier le soir

_____

5. tes amis et toi / sortir le vendredi soir

_____

6. tu / se coucher le samedi soir, en général

_____

7. tu / téléphoner à tes parents, d'habitude

_____

8. tu / faire tes devoirs pour la classe de français, d'habitude

_____

D. Et chez toi? Maintenant imaginez que cette étudiante vous a posé les mêmes questions que celles que vous lui avez posées dans l'*Exercice C.* Répondez-y.

MODELE   *Je me lève à 6h du matin.*

1. _____
2. _____
3. _____
4. _____
5. _____
6. _____
7. _____
8. _____

E. Des renseignements supplémentaires. Choisissez un des films de la liste suivante, ou un autre film que vous avez vu, et répondez aux questions.

Autant en emporte le vent   *La Guerre des Etoiles*   *Bananas* (de Woody Allen)
Les Blues Brothers   *Le Magicien d'Oz*   *La Guerre des Boutons*
Harry Potter à l'école des sorciers

Un autre choix: _____

  1. Qui est le metteur en scène?

     _____

     _____

  2. Qu'est-ce qui se passe dans le film?

     _____

     _____

  3. A qui le film est-il destiné?

     _____

     _____

  4. Qu'est-ce que le film raconte?

     _____

     _____

  5. Qu'est-ce que tu as aimé dans le film?

     _____

     _____

  6. Qui a joué le rôle principal?

     _____

     _____

  7. Qui est-ce que le metteur en scène a employé comme acteurs secondaires?

     _____

     _____

  8. Qu'est-ce qu'il y a d'intéressant dans le film? Pourquoi aimes-tu le film?

     _____

     _____

     _____

F. Quel... ? Voici quelques phrases d'une des lettres de votre correspondant(e) français(e). Posez une question à propos de chacune des phrases suivantes en employant l'adjectif interrogatif **quel.**

MODELE   J'ai un frère.
                 Quel est son nom?
      OU *Quel âge a-t-il?*

1. Ma famille a une nouvelle voiture.

   _____

2. Mes copains et moi, nous regardons toujours une émission américaine célèbre à la télé.

   _____

3. Mais il y a certaines émissions américaines que nous n'aimons pas.

   _____

4. J'ai une sœur.

   _____

5. Mes parents m'ont acheté deux cadeaux superbes pour mon anniversaire.

   _____

6. Nous voyageons cet été dans deux ou trois pays différents.

   _____

G. Lequel? Votre professeur de français fait les constatations suivantes devant votre classe. Posez une question logique après chaque phrase en employant la forme convenable du pronom interrogatif **lequel.**

MODELE   Nous allons étudier deux chapitres demain.
                 Lesquels est-ce que nous allons étudier?
      OU *Lesquels allons-nous étudier?*

1. Certains étudiants ne sont pas obligés de passer l'examen de fin d'année.

   _____

2. Pour vos devoirs, il faut consulter au moins trois sources.

   _____

3. Je vais annuler une de vos petites interrogations.

   _____

4. L'année prochaine, vous allez avoir le choix entre deux cours de français.

   _____

5. Pour le prochain cours, il faut apporter un de vos dictionnaires.

   _____

6. Trois étudiantes ont eu cent au dernier examen.

   _____

H. Que faites-vous? Vous habitez chez des Québécois et vous leur posez beaucoup de questions sur leur vie. Ils vous donnent les réponses suivantes. Vous souvenez-vous des questions que vous leur avez posées?

1. Les enfants partent pour l'école à sept heures et demie.

   _____

2. Tout le monde rentre vers six heures.

   _____

3. D'habitude, on prend le grand repas le soir.

   _____

4. A table, on parle de toutes les activités de la famille.

   _____

5. Oui, nous avons une télé grand écran.

   _____

6. On regarde la télé trois ou quatre heures par jour.

   _____

7. En général, nous nous couchons assez tôt.

   _____

8. Le week-end, nous faisons des courses ou un pique-nique.

   _____

I. Comment vous amusez-vous? Vous avez fait la connaissance d'un étudiant français et vous lui avez posé des questions sur ses loisirs et ses copains. Lisez ses réponses puis posez-lui une question supplémentaire.

1. L'après-midi, je vais retrouver mes copains au café.

   _____

2. Je n'ai pas beaucoup de copains, seulement quatre ou cinq très bons amis.

   _____

3. Nous parlons de musique, de la vie à l'école ou de politique.

   _____

4. Nous allons quelquefois faire un pique-nique le week-end.

   _____

5. On se déplace à vélo, à mobylette ou à pied.

   _____

6. Marie-France est ma meilleure copine.

   _____

7. Notre distraction préférée, ce sont les concerts de rock.

   _____

8. On ne boit pas beaucoup d'alcool aux soirées.

   _____

9. Les émissions qu'on aime regarder à la télé sont les matchs de foot.

   _____

10. Pendant les vacances, nous voyageons ou nous travaillons.

   _____

J. **La vie scolaire là-bas est très différente, non?** Vous parlez toujours à votre nouvel ami français et vous l'interrogez sur la vie scolaire en France. Lisez ses réponses puis posez-lui une question supplémentaire.

1. On a quinze ans quand on commence le lycée.

   _____

2. Le travail au lycée est assez difficile.

   _____

3. Je déjeune à la maison entre midi et deux heures.

   _____

4. J'ai 20 heures de cours par semaine.

   _____

5. Je vais à l'école à pied.

   _____

6. Il y a beaucoup de devoirs à faire le soir.

   _____

7. J'ai déjà passé le bac.

   _____

8. J'ai raté mon bac parce que je n'avais pas suffisamment travaillé.

   _____

9. Je vais redoubler l'année prochaine.

   _____

10. Les étudiants qui réussissent au bac vont en général à l'université.

   _____

K. **Qu'en dites-vous?** Posez les questions apppropriées.

1. Vous voulez savoir à quelle heure votre camarade de chambre va rentrer.

   _____

2. Vous voulez savoir si votre professeur a rendu les examens.

   _____

3. Vous téléphonez au cinéma pour savoir à quelle heure est la dernière séance.

   _____

4. Vous voulez demander à votre copine si elle veut aller au cinéma samedi soir.

   _____

5. Vous voulez savoir ce que votre ami a fait pendant les vacances.

   _____

6. Vous avez entendu une histoire et vous voulez déterminer qui croit que cette histoire est vraie.

   _____

7. Vous voulez demander à une amie avec qui elle est sortie hier soir.

   _____

8. Vous voulez demander à vos parents où ils vont voyager cet été.

   _____

9. Vous demandez à votre professeur quelles vedettes ont du succès en France actuellement.

   _____

10. Vous n'êtes pas allé(e) à la soirée samedi dernier et vous voulez savoir ce qui s'est passé.

    _____

11. Vous voulez demander à un ami français comment il voyage d'habitude.

    _____

L. Ah bon? Imaginez que vous venez d'entendre les phrases suivantes. Composez une réaction convenable, en forme de question, pour chaque phrase.

MODELE   Ma copine vient de partir.
          Ah bon? Où est-elle allée?

1. J'ai un nouveau prof de français.

   _____

2. Nous avons fait une excursion samedi dernier.

   _____

3. Mon père travaillait en Alaska.

   _____

4. Je vais passer le semestre prochain en France.

   _____

5. Je suis de retour!

   _____

6. Quelqu'un vient de téléphoner.

   _____

7. J'ai vu trois films français le week-end dernier.

   _____

8. Mon copain a reçu une invitation.

   _____

9. Ma famille a fait un voyage en Chine.

   _____

10. Je vais bientôt acheter une nouvelle voiture.

    _____

11. On a eu une discussion très intéressante hier soir.

    _____

Pratique culturelle

LA CRITIQUE DU CINÉMA

Semaine du 19.06 au 25.06.2002

▼ CINEMA

▼ EXCLUSIVITES

- ■ PASSIONNÉMENT
- ▨ BEAUCOUP
- □ UN PEU
- × PAS DU TOUT

		LE FIGARO	PREMIERE	PARISCOPE	CHARLIE HEBDO	FRANCE MUS.	RADIO NOVA	PHOSPHORE	TLJ	EUROPE 1	L'HUMANITE	TELERAMA
1	Parle avec elle	▨	▨		■	■	■	■	■	■	■	■
2	Le voyage de Chihiro		■	■	▨	■	■	■	■	■	▨	▨
3	Spider-man	▨	■			■			■			▨
4	Gosford park	▨	▨	▨	■	▨	▨	■	■			▨
5	Hollywood ending	▨	■	■	■	▨	▨	■				▨
6	8 femmes	▨	□	■	■	□	■					▨
7	Ghost world		■	▨		▨	▨		■			
8	Monstres & Cie		■	▨	▨		■	▨		▨	▨	▨
9	Une pure coïncidence			■	▨							
10	Le peuple migrateur	▨		■				▨	▨	■	□	▨
11	Star wars : L'attaque des clones		□		▨	□	■	■	▨	▨	▨	
12	Sur le bout des doigts			▨		▨	▨		□	■	□	
13	Philantropique	▨	▨	▨	□		▨					
14	Sex is comedy	▨	×	▨	■	▨	▨		■	□	□	▨
15	Calculs Meurtriers	□	▨	▨	▨	□	■		▨			□
16	Samsara	▨		▨								×
17	Kedma	▨		×	▨	▨	□	■		▨	▨	□
18	In the bedroom		▨	□	▨	□			▨			
19	Wesh wesh	□			▨	□	□	▨				▨
20	Irréversible	□	■		×	□	■	□	■	□	□	×
21	Les Naufragés de la D17	□		□	▨			□	▨			
22	Astérix et Obélix: mission Cléopâtre	□	□	□	□	□	▨	■	▨	▨	□	×
23	Memento mori	□	□	▨		□	▨	□				□
24	Infidèle	□			□	▨			▨	□		×
25	Un homme d'exception		□	▨	□	□	□	□	▨	□		×

M. La critique du cinéma. On cherche souvent des recommandations avant de voir un film au cinéma. Pour chaque film à la page précédente, il y a onze recommandations de sources différentes. Répondez aux questions suivantes en étudiant le schéma.

1. Quel film est recommandé «passionnément» par tous les critiques?

_____

2. Quel est le film avec le moins de critiques?

_____

3. Quel film est-ce que les critiques n'ont pas aimé?

_____

4. Lequel as-tu vu? Es-tu d'accord avec les recommandations pour ce film? Quelle est ta recommandation?

_____

_____

Deux revues de cinéma

Star Wars: épisode 2, l'attaque des clones
Star Wars: episode 2, Attacks of The Clones

Film américain de George Lucas en couleurs de 2002.
Genre : Fantastique Tous publics
Interprètes : Hayden Christensen, Natalie Portman, Ewan McGregor, Samuel L. Jackson, Daniel Logan, Christopher Lee, Temuera Morrisson
Durée : 135 mn

➤ Site Officiel VO

Le Jedi amoureux

Voici donc le 2ème épisode de la 2ème trilogie (enfin, la 1ère chronologiquement) de "Star wars". Une nouvelle fois menacée, la République affronte des séparatistes. Pour aider les Jedi à maintenir la paix, le sénat ordonne la création d'une armée de clones. Une grande nouveauté dans cet épisode, pour la première fois les décors exceptionnels de la série servent d'écrin à une love story très romantique, celle que noue l'ex-reine Amidala avec son protecteur, Annakin Skywalker. Une histoire impossible car un Jedi n'a pas le droit de tomber amoureux... Les amateurs de pure science-fiction ne sont pas sacrifiés pour autant : batailles spectaculaires, effets spéciaux, monstres, droïdes et drôles de machines constituent toujours le gros du 5ème film des aventures de cette lointaine et familière galaxie...

Où voir ce film

➤**UGC Ciné-Cité les Halles** : 7, place de la Rotonde (1er arr.)
   Séances : (en VO) Tlj à 09h55 (film 00mn après), à 13h00 (film 00mn après), à 16h00 (film 00mn après), à 18h55 (film 00mn après), à 21h50 (film 00mn après).

➤**Rex** : 1, bd Poissonnière (2ème arr.)
   Séances : (en VF) Tlj sauf Dim à 10h10 (film 20mn après), Tlj à 12h55 (film 20mn après), à 15h45 (film 20mn après), à 18h40 (film 20mn après), à 21h30 (film 20mn après).

Spider-Man

Film américain de Sam Raimi en couleurs de 2002.
Genre : Aventure Tous publics
Interprètes : Tobey McGuire, Willem Dafoe, Kirsten Dunst, James Franco
Durée : 121 mn

➤ Site Officiel VF ➤ Site Officiel VO

Un étudiant plutôt timide et renfermé, apprenti journaliste, est un jour mordu par une araignée mutante. Il développe alors d'étranges pouvoirs, qu'il met au service du Bien en devenant un justicier masqué, traquant les criminels... Créé par Stan Lee, "Spider-man", né en 1962, est avec ses copains doués eux aussi de pouvoirs spéciaux, Superman et Batman, l'un des héros de BD parmi les plus populaires. Désormais acteur du grand écran, non content d'escalader les façades des gratte-ciels, le super héros grimpe au box office : il a gagné, le week end de sa sortie, le record de démarrage en récoltant 114,8 millions de dollars (125,5 millions d'euros) de recettes. Il est à parier que les spectateurs français se laisseront eux aussi prendre dans sa toile, tissée par un excellent spécialiste du film fantastique, Sam Raimi.

Où voir ce film

➤ **UGC Ciné-Cité les Halles :** 7, place de la Rotonde (1er arr.)
Séances : (en VO) Tlj à 09h10 (film 00mn après), à 11h40 (film 00mn après), à 14h10 (film 00mn après), à 16h40 (film 00mn après), à 19h15 (film 00mn après), à 21h45 (film 00mn après).

➤ **UGC Ciné-Cité les Halles :** 7, place de la Rotonde (1er arr.)
Séances : (en VO) Tlj à 09h35 (film 00mn après), à 12h05 (film 00mn après), à 14h35 (film 00mn après), à 17h05 (film 00mn après), à 19h40 (film 00mn après), à 22h10 (film 00mn après).

➤ **Gaumont Opéra I :** 31, bd des Italiens (2ème arr.)
Séances : (en VO) Sam à 00h15 (film 00mn après), Tlj à 13h30 (film 00mn après), à 16h15 (film 00mn après), à 19h00 (film 00mn après), à 21h40 (film 00mn après).

➤ **Le Grand Rex :** 1, bd Poissonnière (2ème arr.)
Séances : (en VF) Tlj sauf Mer à 10h45 (film 25mn après), Tlj à 13h25 (film 25mn après), à 16h10 (film 25mn après), à 18h50 (film 25mn après), à 21h35 (film 25mn après).

N. Critiques de cinéma. Choisissez un des deux films précédents. Lisez la critique et ensuite répondez aux questions suivantes.

1. Est-ce que vous recommandez le film... Passionnément? Beaucoup? Un peu? Pas du tout? Pourquoi?

   _____

   _____

2. Pourquoi est-ce qu'on lit une critique avant de voir un film?

   _____

   _____

3. Choisissez un des éléments indiqués et décrivez son rôle dans le succès du film.

   les costumes   l'interprétation   la musique
   le metteur en scène   les acteurs secondaires la publicité

   _____

   _____

   _____

La rédaction par étapes
«Un commentaire sur les goûts en matière de cinéma»

Etape 1: Préparation
Préparation de questions à utiliser dans une enquête

Vous préparez une enquête (*survey*) sur les habitudes et les goûts des étudiants américains dans le domaine du cinéma. Vous formez donc une série de questions à poser à vos camarades de classe ou de résidence universitaire. Vous voulez savoir en particulier si la personnne...

- va souvent au cinéma (environ combien de fois par mois)
- est allée récemment au cinéma (quand)
- préfère les films d'aventures ou ceux qui font rire (quelles sortes)
- y va seule, en groupe ou en couple (avec qui)
- aime les films de Spielberg (pourquoi)
- pense que le prix du billet est trop élevé (combien il a coûté)
- se déplace pour aller voir une grande vedette au cinéma (quelle vedette)

- a la possibilité de regarder des films en vidéo (où)
- a dû faire la queue (combien de minutes)
- est fascinée par les vedettes (quelles vedettes)
- préfère les «complexes multisalles» ou les cinémas traditionnels (pourquoi)
- est attirée par le cinéma étranger (pourquoi)
- regarde des films à la télé (combien de fois par semaine / mois)

etc.

Préparez par écrit la liste des questions que vous désirez poser.

Réalisation du sondage: les questions sont posées; l'interview est enregistrée

Choisissez la personne à qui vous allez poser vos questions. Posez vos questions et notez ses réponses ou enregistrez-les. Puis, ajoutez vos propres commentaires sur le contenu de l'interview. Commencez par préciser la date de l'interview, le nom de la personne interviewée, la raison pour laquelle vous l'avez interviewée.

Etape 2: S'exprimer par écrit
Rédaction du commentaire sur les résultats du sondage

Evaluez les résultats de votre enquête. Quelles conclusions pouvez-vous tirer de votre entretien avec la personne en question? Rédigez, en une page environ, votre commentaire sur les habitudes et les préférences cinématographiques de cette personne.

If you have access to **Système-D** *software, you will find the following information there.*

PHRASES	Asking for information, expressing an opinion	
VOCABULARY	Leisure, time of day, time expressions	
GRAMMAR	Interrogative adverbs, interrogative pronouns, interrogative adjectives	

Chapitre 7

Les transports et la technologie

Activités orales

Perspectives

CD4-2 **A.** **Le voyage extraordinaire de Marie-France.** Listen carefully to the following conversation between Eric and Marie-France. Then indicate whether each statement is true (**vrai**) or false (**faux**) by writing **V** or **F**. You may listen to the passage as many times as necessary.

_____ 1. Quand Eric la voit, Marie-France part à destination de New York.

_____ 2. Marie-France a eu des ennuis pendant son voyage.

_____ 3. Marie-France a pris un vol direct.

_____ 4. Le billet était pour un aller simple.

_____ 5. La valise de Marie-France a été envoyée à Los Angeles.

_____ 6. Le vol de Marie-France a atterri à New York.

_____ 7. Les bagages de Marie-France sont revenus à New York le jour de son arrivée.

_____ 8. Le vol Air France numéro 56 a décollé à l'heure.

Vocabulaire actif

CD4-3 **B.** **Comment voyagent-ils?** Listen carefully to the following statements about people and their travels. Each statement suggests one or more means of transportation. Place a check mark under all headings that correspond to the modes of transportation implied in each statement.

MODELE   YOU HEAR: Rita achète souvent des carnets.
           YOU MARK: *BUS, METRO*

	AVION	BUS	METRO	TRAIN		AVION	BUS	METRO	TRAIN
1.	___	___	___	___	6.	___	___	___	___
2.	___	___	___	___	7.	___	___	___	___
3.	___	___	___	___	8.	___	___	___	___
4.	___	___	___	___	9.	___	___	___	___
5.	___	___	___	___	10.	___	___	___	___

CD4-4 C. Savez-vous prendre l'autobus? Written below, in random order, are the steps involved in taking a trip on a French bus. Before listening to the CD, number the statements to indicate the sequence a traveler would follow. To check your answers, listen to the CD.

_____ N'oubliez pas de composter votre billet.

_____ Il faut sortir par le milieu.

_____ Vous devez appuyer sur le bouton pour indiquer votre arrêt.

_____ Vous achetez un billet ou un carnet.

_____ Il faut monter à l'avant.

_____ Vous cherchez le guichet ou le distributeur automatique.

CD4-5 D. Paris, le métro et moi. Christophe describes his trip on the subway. The following passage will be read three times. During the first reading, listen to the text—do not write. During the second reading, fill in the blanks with the words that you hear. Finally, during the third reading, check your work and fill in any words you may have missed.

Je suis à Paris _____ quelques heures. Pour me _____, je décide de prendre le métro. De tous les _____ _____ _____, c'est le plus rapide et celui qui _____ le moins cher. Je _____ donc dans la station qui se trouve à cinq minutes de mon hôtel et j'y achète _____ _____ de tourisme. En moins de deux minutes, un train arrive sur la voie devant moi. Je sais que c'est le mien, car j'ai déjà bien _____ mon _____ pour connaître le nom de la ligne qu'il fallait _____. Je monte en voiture avec les autres _____ et voilà mon aventure qui _____.

Structures

CD4-6 E. Prendre le métro—la première fois. It is your first trip on the **métro** in Paris, and a French friend is verifying that you know what to do. Answer the questions affirmatively, replacing the direct objects with the appropriate direct object pronouns.

MODELE   YOU HEAR: Vois-tu la bouche de métro?
          YOU SAY: *Oui, je la vois.*

(Items 1–5)

CD4-7 F. De retour de vacances. You have recently returned to Montpellier from a trip to Algeria. A friend is asking you questions about your flight and trip. Answer the questions affirmatively, replacing the indirect objects with the appropriate indirect object pronouns.

MODELE   YOU HEAR: As-tu parlé à l'hôtesse?
          YOU SAY: *Oui, je lui ai parlé.*

(Items 1–5)

CD4-8 **G. Le voyage aux Etats-Unis commence.** You are taking the train from Montpellier to Paris, where you will spend a week before returning to the United States. A French friend is seeing you off. Answer your friend's questions affirmatively, using **y** or **en** as appropriate.

> MODELE   YOU HEAR: Vas-tu arriver à la gare de Lyon?
> YOU SAY: *Oui, je vais y arriver.*

(Items l–6)

CD4-9 **H. L'été prochain: Québec.** Eager to explore another Francophone country, you are talking with a French Canadian friend about a trip to Québec during the summer. Answer your friend's questions affirmatively, replacing all nouns with appropriate object pronouns.

> MODELE   YOU HEAR: Alors, tu prends ta voiture?
> YOU SAY: *Oui, je la prends.*

(Items l–8)

CD4-10 **I. Montréal.** You are in Québec and have decided to take the train to Montréal for the weekend. It is your first train trip in Canada and a friend is questioning you about the necessary arrangements. You will hear your friend ask a question, you will see a sample response, and you are to repeat the response, but substitute object pronouns when possible.

> MODELE   YOU HEAR: Tu vas faire enregistrer ta valise?
> YOU SEE: Non, je ne vais pas faire enregistrer ma valise.
> YOU SAY: *Non, je ne vais pas la faire enregistrer.*

1. Oui, j'ai réservé une place.
2. Non, je n'ai pas acheté mon billet hier.
3. Je vais partir à trois heures.
4. Oui, j'ai un horaire des trains.
5. Je vais à Montréal pour voir un ami.
6. Oui, il y a trois arrêts pendant le voyage.

Pratique

CD4-11 **J.** You are doing a summer internship in France in a small family-owned business. When you return from lunch you find a message on the answering machine. Write down the message for your employer. Be as detailed as possible.

Télé-Pratic

Le _____ à _____ heures _____

Pour M _____

Pendant que vous n'étiez pas là,

M _____

_____

Tél. _____

a téléphoné ❏   est passé(e) vous voir ❏

    demande de le (la) rappeler ❏

    vous rappellera ❏

    désire un rendez-vous ❏

    a laissé ce message: ❏

_____

_____

_____

_____

_____

CD4-12 **K. Dans le train.** Listen carefully to the following conversation between Christine and Olivier. Then indicate whether the statements below are true or false by writing "**V**" **vrai** (true) or "**F**" **faux** (false) next to each statement. You may listen to the conversation as many times as necessary.

1. Christine peut s'installer dans le compartiment d'Olivier parce qu'elle a réservé une place.
2. Quand il y a beaucoup de monde dans le train, il faut quelquefois voyager debout dans le couloir.
3. Christine dit à Olivier qu'elle est étudiante à Montpellier.
4. Jacques Borelli est un ami qui voyage avec Christine.
5. Olivier va rentrer chez lui en moto.

CD4-13 **L. Quel moyen de transport préfères-tu?** Listen carefully to the following conversation in which four friends discuss different modes of transportation. Then answer the following questions. Reading the questions first will help focus your listening.

1. What is their destination?

   _____

2. What two modes of transportation do they discuss and then reject? Why are they rejected?

   _____

   _____

3. How will they travel?

   _____

4. Once they reach their destination, how do they plan to get around?

   _____

   _____

5. Who is Gaston and what is his role concerning the trip?

   _____

   _____

Activités écrites

Structures et Vocabulaire actif

A. Un séjour à Paris. Votre amie, qui passe trois semaines à Paris, vous a écrit une lettre pour décrire son séjour à Paris. Pour éliminer les répétitions, récrivez la lettre en remplaçant les noms en caractères gras par des pronoms objets. Attention à l'accord du participe passé!

> *Bonjour!*
>
> *Me voici à Paris! J'ai trouvé **à Paris** un bon petit hôtel. Je trouve **ce petit hôtel** très confortable. Je suis en train de visiter tous les sites touristiques importants de la ville. J'adore **les sites touristiques.** Ils sont vraiment intéressants.*
>
> *Je prends beaucoup le métro. Je prends souvent **le métro** parce que je trouve **le métro** rapide et économique. Ma copine française a acheté un carnet de tickets et j'ai aussi acheté **un carnet de tickets.** Un copain qui quittait Paris m'a proposé ses tickets et j'ai acheté **ses tickets.** J'ai même vendu **des tickets** à ma copine et j'ai vendu **les tickets à ma copine** à un prix raisonnable. Nous pouvons aller n'importe où à Paris en métro et nous pouvons souvent aller **à ces endroits** sans prendre de correspondance. Mais même s'il faut prendre **une correspondance,** ce n'est pas difficile. Hier, nous sommes allées à Versailles en nous servant du RER et **à Versailles** nous avons pu visiter le château. J'ai trouvé **le château** magnifique!*
>
> *A bientôt,*
> *Alice*

_____

_____

_____

_____

_____

_____

_____

_____

_____

_____

_____

_____

B. Une conversation au café. Vous êtes au café avec un groupe de Français et on vous pose les questions suivantes. Répondez aux questions en remplaçant au moins un des noms par un pronom. Faites attention à l'ordre des pronoms si vous en employez deux.

    MODELE   Vous êtes à Paris depuis longtemps?
                     Oui, j'y suis depuis longtemps.
         OU *Non, je n'y suis pas depuis longtemps.*

1. Avez-vous trouvé une chambre?

    _____

2. Etes-vous à la fac?

    _____

3. Aimez-vous bien la ville de Paris?

    _____

4. Avez-vous visité beaucoup de musées à Paris?

    _____

5. Avez-vous un(e) camarade de chambre?

    _____

6. Allez-vous faire des voyages en Europe?

    _____

7. Avez-vous appris à vous servir du métro?

    _____

8. Trouvez-vous les Français accueillants?

    _____

9. Vous payez vos études vous-même?

    _____

10. Mangez-vous souvent dans les bistros?

    _____

11. Appréciez-vous la cuisine française?

    _____

C. La vie aux Etats-Unis. Vous parlez toujours à vos amis français, qui vous posent des questions sur votre vie aux Etats-Unis. Répondez-leur en remplaçant au moins un des noms par un pronom.

MODELE   Allez-vous souvent à des concerts de rock?
          Oui, j'y vais souvent.
    OU   *Non, je n'y vais pas souvent.*

1. Vous avez une voiture?

    _____

2. Vous allez à l'université tous les jours?

    _____

3. Y a-t-il beaucoup d'examens dans vos cours?

    _____

4. Est-ce qu'on pose beaucoup de questions au professeur?

    _____

5. Y a-t-il un Resto U dans votre université?

    _____

6. Prenez-vous tous vos repas au Resto U?

    _____

7. Habitez-vous avec vos parents?

    _____

8. Est-ce que vos parents vous donnent de l'argent?

    _____

9. Trouvez-vous les cours universitaires plus difficiles en France ou aux Etats-Unis?

    _____

10. Est-ce que vous payez cher les CD et les cassettes?

    _____

11. Avez-vous une chaîne stéréo?

    _____

D. Et vous, que faites-vous? Vous voulez poser des questions à vos nouveaux amis français. Ils ne vous entendent pas bien la première fois que vous leur posez la question. La deuxième fois, utilisez des pronoms dans vos questions.

MODELE   Est-ce que je peux vous retrouver au café?
            Est-ce que je peux vous y retrouver?

1. Est-ce que tu es déjà allé(e) aux Etats-Unis?

    _____

2. Est-ce que vous écoutez souvent des CD?

    _____

3. Est-ce que vous aimez bien la musique américaine?

    _____

4. Est-ce qu'on apporte souvent des CD aux soirées?

    _____

5. Est-ce qu'on paie très cher les CD en France?

    _____

6. Est-ce que vous avez des ennuis d'argent?

    _____

7. Est-ce que vous parlez souvent de vos problèmes à vos copains?

    _____

E. C'est votre copain au téléphone. Votre ami français vous téléphone. Complétez votre partie du dialogue suivant en employant au moins un pronom dans chacune de vos réponses.

—As-tu regardé la télé hier soir?

—Oui, _____

—Tu as vu le nouveau feuilleton?

—Oui, _____

—Et alors, tu as bien aimé ce feuilleton?

—Oui, _____

—Tu as regardé la télé avec ta famille?

—Oui, _____

—Est-que tu as parlé de cette émission avec tes parents?

—Non, _____

—Pourquoi? Es-tu sorti(e) avec tes copains après l'émission?

—Oui, _____

—Tu es allé(e) au café?

—Oui, _____

—Ah bon! Et as-tu retrouvé la bande?

—Non, _____

—Dommage. Tu es retourné(e) à la maison?

—Oui, _____

—A propos, veux-tu téléphoner à Jean-Pierre pour savoir s'il veut aller au cinéma?

—Oui, _____

—Tu as déjà vu le film au Rex?

—Non, _____

—As-tu besoin d'argent?

—Non, _____

—Alors, allons donc au Rex!

—Oui, _____

F. Voici ce qu'il faut faire. Pendant un séjour à Paris avec un groupe de l'université Paul Valéry à Montpellier, il vous faut donner des ordres. Formulez ces ordres en remplaçant au moins un nom par un pronom.

MODELE   Dites à vos amis d'envoyer des cartes postales aux Dumont.
Envoyez-en aux Dumont.
OU *Envoyez-leur-en.*
OU *Envoyez-leur des cartes postales.*

1. Dites au groupe de ne pas prendre l'autobus pour aller à Versailles.

   _____

2. Dites à un copain de vous rendre l'argent qu'il a emprunté.

   _____

3. Proposez au groupe d'aller au café.

   _____

4. Dites au guide d'acheter des billets pour tous les étudiants.

   _____

5. Dites au guide de ne pas aller à l'agence de voyages sans vous.

   _____

6. Dites à un ami de ne pas aller déjeuner au Burger King.

   _____

7. Proposez au groupe d'offrir un café au guide et au chauffeur.

   _____

8. Dites à deux copines de monter dans le car avec vous.

   _____

9. Dites au guide de vous envoyer des lettres.

   _____

G. Vous aidez votre ami(e). Un(e) ami(e) qui suit le même cours de français que vous veut écrire à un(e) correspondant(e) en France, mais il (elle) a du mal à exprimer certaines idées dans sa lettre. Aidez votre ami(e) à traduire en français les mots en italique.

1. *(My family and I)*, nous allons voyager en France l'été prochain.

   _____

2. *(I)*, je vais accompagner mes parents, mais mes frères, Charles et Robert, *(they)*, vont arriver en France plus tard.

   _____

3. *(Charles and he)* vont donc arriver plus tard que *(my parents and I)*.

   _____

4. *(They)* vont retrouver la famille à Paris, et puis *(my sister and I)* allons visiter les châteaux de la Loire.

   _____

5. J'ai tout de suite pensé à *(you)*. Est-ce que tu peux venir avec *(us)*? *(I am the one)* qui t'invite.

   _____

6. Ma sœur est plus amusante que mes frères. C'est plus agréable de voyager avec *(her)* qu'avec *(them)*. Je tiens beaucoup à te présenter à *(her)*.

   _____

7. Et c'est *(I myself)* qui organise l'itinéraire.

   _____

8. Viens donc avec *(us)*. On va si bien s'amuser ensemble, *(you and I)*.

   _____

H. Situations. Lisez chaque situation et réagissez d'une façon appropriée en employant des pronoms possessifs.

1. Vous cherchez votre carnet de tickets. Vous en trouvez un et vous voulez demander si c'est votre carnet.

    VOUS DEMANDEZ: _____?

2. Vous avez perdu des bouquins. Vous en trouvez et vous voulez demander à votre copain où il a laissé ses bouquins.

    VOUS DEMANDEZ: _____?

3. Vous vous disputez avec quelqu'un à propos d'une place sur le parking et vous voulez dire à cette personne que ce n'est pas sa place, mais votre place.

    VOUS DITES: _____.

4. Vous avez mis votre voiture dans le garage et vous voulez dire à vos amis de mettre leur voiture devant la maison.

    VOUS DITES: _____.

5. Vous voyagez avec une amie et vous voulez lui demander si elle a déjà mis ses valises dans le train.

    VOUS DEMANDEZ: _____?

6. Vous annoncez à vos parents que vous avez vos billets et vous voulez savoir s'ils ont leurs billets.

    VOUS DEMANDEZ: _____?

7. Vos compagnons ont trouvé leur compartiment dans le train et vous voulez leur dire que c'est aussi votre compartiment.

    VOUS DITES: _____.

8. Vous voulez expliquer à vos parents que votre appartement se trouve près du campus, mais que l'appartement de vos copains est loin.

    VOUS DITES: _____.

9. Votre sœur vous dit que ses copains aiment le jazz et vous voulez lui dire que vos copains préfèrent le rock.

    VOUS DITES: _____.

10. Vous croyez être arrivé(e) à votre nouvel appartement mais vous vous êtes trompé(e) d'étage.

    VOUS DITES: _____.

I. Des choix à faire. Complétez chaque phrase par le pronom démonstratif convenable suivi de **-ci** ou **-là**.

1. Vous ne prenez pas ce train-ci; vous prenez _____.
2. Ces valises-là sont à mon amie; _____ sont les miennes.
3. Je n'aime pas tellement ces bonbons. Avez-vous essayé _____?
4. Regardez le plan. Cette rame-ci va à Montmartre et _____ à Vincennes.
5. Non, je n'attends pas ce vol-ci; j'attends _____.
6. Si vous avez aimé cet autre film, vous allez vraiment adorer _____.
7. Il ne faut pas que tu t'inscrives à ces cours-là, mais à _____.
8. Ne mettez pas votre voiture à cet endroit-ci; mettez-la à _____.

J. Pendant une soirée. Voici des bribes de conversation que vous entendez pendant une soirée. Complétez chaque phrase par le pronom démonstratif convenable suivi de **qui, que, qu'** ou **de**.

1. Cet examen n'était pas trop dur, mais _____ mi-semestre était une horreur.
2. En ce qui concerne les soirées, je me suis toujours bien amusé à _____ vous avez données.
3. De tous mes cours, _____ m'a vraiment plu, c'était mon cours de français.
4. Prenons deux voitures, la mienne et _____ Paul.
5. Ces CD sont _____ j'ai achetés hier.
6. Cette voiture est _____ il a achetée en France.
7. Nos places? _____ sont là-bas, à côté de la fenêtre!
8. Préfères-tu cette robe ou _____ elle portait hier?

Pratique culturelle

K. Lisez le texte à la page suivante et répondez aux questions.

1. Comment sait-on que la photo a été prise en Europe et non aux Etats-Unis?

   _____

   _____

2. Quelle est la signification du petit paragraphe au-dessus de la photo?

   _____

   _____

3. Quels sont les trois avantages qu'il y a à prendre le train plutôt que la voiture?

   _____

   _____

4. Trouvez au moins six mots français qui ressemblent à leur équivalent anglais.

   a. _____   d. _____

   b. _____   e. _____

   c. _____   f. _____

5. Expliquez la phrase «le progrès ne vaut que s'il est partagé par tous».

   _____

   _____

Si vous êtes ici, c'est que vous n'avez pas choisi de voyager en TGV Nord Europe. Bon Courage.

**Dunkerque-Paris
1h50**

Nous rappelons à tous ceux qui ont choisi de prendre la route, que des milliers de camions circulent chaque jour, sans compter les autres véhicules. En revanche, la SNCF vous signale qu'avec les TGV Nord Europe, Lille n'est plus qu'à 1h de Paris et Valenciennes à

**5 allers et retours
par jour.**

1h35. Camions ou pas. Nous signalons également que les TGV Nord Europe font chaque jour 16 allers et retours pour Lille, 10 pour Arras et desservent 13 villes en moins de 2h avec maintenant la possibilité d'aller jusqu'à Calais ou Cambrai. Enfin il faut savoir que dans

**Bar et téléphones dans tous
les TGV Nord Europe**

les TGV Nord Europe un repas peut être servi à la place en 1ère classe, qu'un bar et téléphones sont à votre service. Nous espérons vous voir bientôt sur nos lignes plutôt que bloqué sur la route.

SNCF, le progrès ne vaut que s'il est partagé par tous.

La rédaction par étapes «Souvenirs de voyage»

Etape 1: Préparation

L'enchaînement des idées d'un récit

Le passage suivant contient des «trous» qu'il faut remplir par une ou deux phrases logiques et appropriées.

UN CONSEIL: Cherchez d'abord l'idée la plus importante de la phrase qui précède le «trou», puis lisez attentivement la phrase qui suit le «trou» pour retrouver la continuation de la pensée. Ensuite, faites le lien *(link)* entre les deux phrases en choisissant une notion qui est compatible avec celles-ci.

> MODELE *L'avion volait depuis une heure au-dessus de la forêt sans pouvoir trouver un terrain d'atterrissage. Il allait bientôt manquer de carburant. Le commandant a alors donné le signal aux soldats.*
>
> _____
>
> _____
>
> *Grâce à leurs parachutes, ils ont tous été retrouvés, sains et saufs, quelques-uns dans les arbres, les autres assis près d'une route étroite bordée de peupliers.*

(PHRASE PROPOSEE: Sans hésiter, tous les hommes ont obéi aux ordres et se sont préparés à sauter de l'avion vers l'espace vert qui s'étendait au-dessous d'eux.)

Maintenant, écrivez votre propre phrase pour remplir le trou dans ce récit. Vous pouvez suivre la phrase proposée comme modèle.

Etape 2: S'exprimer par écrit

Rédaction partielle d'un récit

Vous allez compléter les souvenirs de voyage racontés dans le récit suivant. Lisez attentivement la phrase qui précède le trou et celle qui le suit. Mettez-vous à la place du narrateur. Situez dans le temps l'action racontée dans les deux phrases. Imaginez une phrase dont les éléments suivent logiquement la phrase précédente et précèdent convenablement la suivante.

> VOYAGER EN AVION: C'était le jour tant attendu du grand voyage à Paris.

_____

_____

Arrivé(e) à l'aéroport j'ai dû courir vers le comptoir d'Air France. Etais-je à l'heure ou le vol était-il déjà parti?

_____

_____

Huit heures plus tard, moi, je suis arrivé(e) à Paris mais mes valises étaient en route vers Tokyo.

_____

_____

Heureusement que je garde toujours avec moi mon portefeuille, mon passeport et ma brosse à dents!

_____

_____

---

*If you have access to **Système-D** software, you will find the following information there.*

PHRASES	Requesting something, sequencing events
VOCABULARY	Traveling, means of transportation
GRAMMAR	Prepositions with places, interrogative adverbs, possessive adjectives

Chapitre **8**

A la fac

Activités orales

Perspectives

CD4-14 **A. L'importance du bac.** Listen carefully to the following conversation between Marc and Dominique. Then, indicate whether each statement is true (**vrai**) or false (**faux**) by writing **V** or **F.** You may listen to the passage as many times as necessary.

_____ 1. Marc connaît bien le lycée et l'université en France.

_____ 2. Si on passe le bac, on est accepté à l'université.

_____ 3. Dominique a choisi un bac série économique et sociale.

_____ 4. Dominique fait des études d'anglais à l'université.

_____ 5. Dominique a passé des épreuves écrites et orales au bac.

_____ 6. Dominique n'a pas été obligée de se rattraper parce qu'elle a eu une bonne moyenne.

_____ 7. Aujourd'hui, environ soixante pour cent des candidats ne réussissent pas au bac.

_____ 8. Un candidat qui rate son bac peut repasser l'examen.

_____ 9. Quand on a été reçu au bac, il faut passer un autre examen pour entrer à l'université.

Vocabulaire actif

CD4-15 **B. Préparation pour un examen.** Listen carefully to the following statements about university life and tell whether each is generally associated with preparation for a big examination.

MODELE YOU HEAR: On étudie à la bibliothèque.
     YOU SAY: *Oui, on étudie à la bibliothèque.*

     YOU HEAR: On assiste à une manifestation.
     YOU SAY: *Non, on n'assiste pas à une manifestation.*

(Items 1–9)

Nom _____ Date _____

CD4-16 C. Questions personnelles. You will hear a series of questions about academic life. Answer the questions truthfully.

    MODELE   YOU HEAR: Avez-vous un cours dans un amphithéâtre?
               YOU SAY: *Oui, j'ai un cours dans un amphithéâtre.*
               OR   *Non, je n'ai pas de cours dans un amphithéâtre.*

    (Items 1–7)

CD4-17 D. Le parcours du combattant. The first year of university study in France is marked by many hurdles. The following passage will be read three times. During the first reading, listen to the text—do not write. During the second reading, fill in the blanks with the words that you hear. Finally, during the third reading, check your work and fill in any words you may have missed.

    Bien qu'il y ait eu des _____ importantes dans les _____ _____, la

première année de l'enseignement _____ est encore marquée par une série d'_____

plus ou moins dures. C'est ce qu'on appelle parfois le parcours du combattant. Mais le _____

_____ _____ nationale s'est donné comme _____ de rendre les _____

plus souples. La _____ du Minitel a aussi facilité les procédures administratives. Pour beaucoup

d'étudiants, pourtant, on n'a pas encore fait assez pour _____ le système.

Structures

CD4-18 E. J'en doute. You and your French friend Robert have a mutual acquaintance, Chantal, who is a procrastinator. Robert is telling you some things Chantal plans to do, but you doubt that she will actually do them. Respond to each of Robert's statements by adding **je doute que** and changing the verb to the subjunctive mood.

    MODELE   YOU HEAR: Elle va à la conférence demain.
               YOU SAY: *Je doute qu'elle aille à la conférence demain.*

    (Items 1–8)

CD4-19 F. Est-il vrai que... ? You will hear a series of statements about university and campus life. If a statement is true of your institution, respond by adding **il est vrai que** and using the indicative. If a statement is not true of your institution, add **il n'est pas vrai que** and use the subjunctive.

    MODELE   YOU HEAR: La nourriture est bonne au Resto U.
               YOU SAY: *Il est vrai que la nourriture est bonne au Resto U.*
               OR   *Il n'est pas vrai que la nourriture soit bonne au Resto U.*

    (Items 1–6)

CD4-20 G. Qu'est-ce qu'elle fait maintenant? Answer Robert's questions about Chantal, using the cues provided. In each case, decide whether the verb should remain in the indicative or be changed to the subjunctive.

> MODELE YOU HEAR: Est-elle venue en cours hier?
> YOU SEE: Oui, je pense que...
> YOU SAY: *Oui, je pense qu'elle est venue en cours hier.*
>
> OR YOU SEE: Non, je ne pense pas que...
> YOU SAY: *Non, je ne pense pas qu'elle soit venue en cours hier.*

1. Oui, il est certain que...

2. Non, je ne suis pas sûr(e) que...

3. Non, je ne crois pas que...

4. Oui, il semble que...

5. Oui, il est essentiel que...

CD4-21 H. Nicole a réussi son bac! Marie-France has just received a letter from her friend Nicole, a **lycée** student who has passed the **bac** and is making plans for her university studies. Respond to each comment, using the cues provided.

> MODELE YOU HEAR: Son petit ami n'a pas réussi au bac.
> YOU SEE: Je regrette que...
> YOU SAY: *Je regrette que son petit ami n'ait pas réussi au bac.*

1. Je suis content(e) que...

2. Mais non, je ne pense pas que...

3. Je ne crois pas que...

4. Il est regrettable que...

5. Je suis heureux(-euse) que...

6. Moi, je doute que...

7. Je suis surpris(e) que...

CD4-22 I. Dit-il la vérité? The following are all campaign statements made by John Doe, a candidate for national office. If you believe a statement is true, respond by adding **je crois que.** If you believe a statement is false, add **je ne crois pas que.**

> MODELE YOU HEAR: Je suis pour les droits des animaux.
> YOU SAY: *Je crois qu'il est pour les droits des animaux.*
> OR *Je ne crois pas qu'il soit pour les droits des animaux.*

(Items 1–6)

Pratique

CD4-23 J. You are doing a summer internship in France in a small family-owned business. When you return from lunch you find a message on the answering machine. Write down the message for your employer. Be as detailed as possible.

Télé-Pratic

Le _____ à _____ heures _____

Pour M _____

Pendant que vous n'étiez pas là,

M _____

_____

Tél. _____

a téléphoné ❏   est passé(e) vous voir ❏

    demande de le (la) rappeler ❏

    vous rappellera ❏

    désire un rendez-vous ❏

    a laissé ce message: ❏

_____

_____

_____

_____

CD4-24 **K.** **Pour passer un an dans une université américaine.** Listen carefully to the following conversation between Nathalie and André. Then indicate whether the statements below are true or false by writing "**V**" **vrai** (*true*) or "**F**" **faux** (*false*) next to each statement. You may listen to the conversation as many times as necessary.

_____ 1. André pose des questions à Nathalie parce qu'il a l'intention de passer un an en Amérique.

_____ 2. Il veut s'inscrire à la même université que Nathalie.

_____ 3. L'argent représente une considération importante pour André parce qu'en Amérique, les frais sont plus considérables qu'en France.

_____ 4. André veut passer l'année en Amérique parce qu'il peut obtenir des unités de valeur pour son diplôme français.

CD4-25 **L.** **Le recyclage.** Listen carefully to the following conversation in which three friends discuss environmental issues. Then answer the questions. Reading the questions first will help focus your listening.

1. According to the discussion, which two cities are among the most polluted in the world?

   _____

   _____

2. In one of the cities, it is clear what is causing the pollution problem. Describe the problem.

   _____

   _____

3. Although governments and businesses need to act, they can't do it alone. What can individual citizens do to help solve some of the environmental problems?

   _____

   _____

4. What kinds of items are the three friends recycling?

   _____

   _____

Activités écrites

Structures et *Vocabulaire actif*

A. Un(e) camarade de classe. Vous suivez un cours de marketing avec un(e) étudiant(e) français(e) qui veut obtenir un diplôme américain de gestion (*management*). Avant le premier examen, l'étudiant(e) français(e) vous demande de l'aider. Complétez les phrases par le subjonctif ou l'indicatif, selon le cas.

MODELE   J'espère que tout le monde (savoir) *sait* qu'il me faut une bonne note.

1. Penses-tu que l'examen (être) _____ très long?

2. Le professeur doute que je (pouvoir) _____ tout comprendre.

3. Mais comment veux-tu que je (comprendre) _____ absolument chaque mot?

4. Je veux que tes copains et toi, vous m'(aider) _____ un peu le jour de l'examen.

5. Mes parents ne doutent pas que je (réussir) _____ cette année aux Etats-Unis.

6. Je ne crois pas que le dernier chapitre (faire) _____ partie de cet examen.

7. Es-tu surpris(e) que j'(avoir) _____ le trac?

8. Je pense qu'à l'examen, on (aller) _____ nous poser quatre questions.

9. Mon prof d'anglais est fâché que nous (passer) _____ si longtemps à préparer cet examen.

B. Il est essentiel... Choisissez un des cours que vous suivez ce semestre. Ensuite, complétez les phrases suivantes pour décrire le cours que vous avez sélectionné. Réfléchissez avant de choisir le subjonctif ou l'indicatif.

En cours de maths...   ou   en cours d'anglais...   ou   en cours de sciences...

1. il est essentiel que nous _____.

2. il vaut mieux que les étudiants _____.

3. il est possible que le professeur _____.

4. il n'est pas sûr que je _____.

5. c'est dommage que le professeur _____.

6. il est surprenant que mon (ma) camarade de classe _____.

7. il faut que nous _____.

8. il est probable que je _____.

C. Voici ce qui m'arrive. Votre correspondant(e) en France vous écrit pour vous demander comment se passe votre année scolaire. Employez les éléments suivants (un élément de chaque colonne) pour composer des phrases. Réfléchissez avant de combiner les éléments. Il faut choisir entre le subjonctif, l'infinitif ou l'indicatif.

MODELE   Je cherche un(e) autre camarade de chambre pour *pouvoir* mieux étudier.

Je cherche un(e) autre camarade de chambre pour... Je vais attendre la fin du semestre pour... Bien que mon prof de maths soit gentil,... Mon copain m'aide pour... Mes parents m'encouragent beaucoup de peur... Je veux changer de spécialisation quoique... Je vais beaucoup étudier pendant le reste du semestre sans...	Je peux mieux étudier. Je change d'appartement. Je n'ai pas une bonne moyenne en maths. Je vais réussir au prochain examen de maths. J'abandonne mes études de commerce. Je suis moins sûr(e) de trouver un emploi. J'abandonne mon emploi au Resto U.

D. Mes préférences. Dans chaque phrase, mettez le verbe entre parenthèses au subjonctif ou à l'indicatif, selon le cas.

MODELE   J'ai une amie qui (prendre) *prend* souvent des notes pour moi.

1. Je veux trouver un prof qui (ne pas être) _____ trop exigeant.

2. J'ai une sœur qui (aller) _____ à New York pour faire ses études.

3. Il doit trouver un copain qui (pouvoir) _____ lui passer des polycopiés.

4. Nous choisissons des copains qui (avoir) _____ les mêmes valeurs que nous.

5. Dans ce cours, on nous enseigne des choses qu'on (apprendre) _____ par cœur.

6. Si seulement j'avais un ami qui (prendre) _____ des notes pour moi!

E. A la recherche de l'idéal. Pour chacun des éléments suivants, composez une phrase à l'indicatif et une autre au subjonctif.

MODELE   un ami
          J'ai un ami qui est très sympathique.
          Je cherche un ami qui aille souvent au cinéma.

1. une voiture

    _____

    _____

2. une spécialisation

    _____

    _____

3. des notes

_____

_____

4. des examens

_____

_____

5. un prof

_____

_____

F. Des idées extrémistes. Vous déjeunez au Resto U avec un groupe d'étudiants français qui discutent de la vie universitaire. Complétez leurs déclarations par le subjonctif (présent ou passé) ou par l'indicatif du verbe entre parenthèses, selon le cas.

MODELE   Le plus petit des garçons qui (faire) *font* leurs devoirs là-bas? C'est Bruno.

1. C'est le meilleur prof que je (j') (connaître) _____.

2. De tous mes copains, c'est le plus jeune qui (aller) _____ à l'université.

3. Ce cours est le pire que M. Dubois (faire) _____.

4. C'est la première fois que je (j') (suivre) _____ ce cours.

5. Elle est la seule qui (comprendre) _____ ces problèmes.

6. Dans cette famille, c'est l'aînée qui (vivre) _____ en Californie.

7. Il n'y a personne qui (pouvoir) _____ terminer ses études ici en trois ans.

G. Vos opinions. En employant les phrases de l'*Exercice F* comme modèles, composez deux phrases superlatives pour chacun des thèmes suivants. Faites attention aux phrases où certaines expressions au superlatif n'exigent pas l'emploi du subjonctif.

1. ma famille

_____

2. mes copains

_____

3. mes distractions

_____

4. mon cours de...

_____

5. mon prof de...

_____

H. Qu'est-ce que tu en dis? Vous avez l'intention de suivre un des cours suivants le semestre prochain, mais vous voulez poser quelques questions à votre copine au sujet de ce cours avant de vous décider. Encerclez le cours qui vous intéresse et complétez les questions suivantes par un sujet logique et un verbe au subjonctif.

En cours d'histoire...   ou   en cours de sciences...   ou   en cours de littérature...

1. faut-il que _____?

2. est-il vrai que _____?

3. est-ce que le prof veut que _____?

4. est-il probable que _____?

5. vaut-il mieux que _____?

6. penses-tu que _____?

7. a-t-on peur que _____?

8. se peut-il que _____?

I. Dans ce cours. Maintenant, imaginez qu'une copine vous pose les mêmes questions que celles que vous venez de formuler dans l'*Activité H* — mais au sujet de votre cours de français. Répondez-y en décidant si le verbe doit être à l'indicatif ou au subjonctif.

1. _____

2. _____

3. _____

4. _____

5. _____

6. _____

7. _____

8. _____

J. Mes valeurs. Pour chacun des sujets suivants, complétez les phrases en faisant attention au mode des verbes. Remarquez que quelquefois il n'y a pas de changement de sujet possible.

LA FAMILLE

1. Je suis content(e) que _____

2. Quelquefois je suis triste que _____

3. Mes parents veulent que _____

4. Je regrette que _____

5. Quoique je _____

MES COPAINS

6. Mes copains désirent souvent _____

7. Je préfère que _____

8. J'ai choisi des copains qui _____

9. Je veux que mes copains _____

10. Ce sont les seuls amis que _____

11. Bien que je _____

L'ECOLE

12. Avant de _____

13. Il est obligatoire que _____

14. Il vaut mieux que _____

15. Je pense que _____

16. Il est peu probable que _____

17. Pour que _____

18. J'ai quelquefois peur de _____

Pratique culturelle

K. Le texte intitulé *Les séjours linguistiques*, écrit par un professeur de langues, nous offre des suggestions pour profiter au maximum d'un séjour à l'étranger.

Les séjours linguistiques

Un séjour linguistique durant les vacances de printemps, ça fait souvent du bien. D'abord, on change d'air. Ensuite, on bosse ses langues. Enfin, on peut améliorer ses résultats ou préparer l'oral d'anglais, d'allemand ou d'espagnol pour le bac. Eric Durand, professeur d'anglais et animateur de séjours à Eurolangues, nous donne les clés d'un séjour efficace...

SUR PLACE...
- Utiliser un répertoire langue étrangère-français pour y noter tous les mots nouveaux. Profiter de toutes les occasions pour l'enrichir: à table avec la famille d'accueil, au ciné...
- Se servir d'un magnétophone de poche pour enregistrer des conversations, des situations: au marché, dans la famille...
- Se procurer des cassettes vidéo en version originale.
- Tenir un journal.

AU RETOUR:
- Parler à son professeur de langues de son séjour. Même si vous n'êtes pas brillant, le fait d'avoir fait ce voyage traduit un intérêt pour la matière, un souci de progresser...
- En faire profiter ses camarades: exposé, séances diapos...
- Rester en contact avec la famille, lui écrire régulièrement.
- Continuer à lire de temps en temps la presse du pays.

Phosphore

Et vous, qu'est-ce que vous suggérez aux étudiants étrangers qui veulent apprendre l'anglais et profiter d'un séjour dans votre ville universitaire? Ecrivez deux suggestions différentes dans chaque catégorie.

POUR MIEUX COMPRENDRE LES PROFESSEURS EN CLASSE

_____

_____

POUR PREPARER SES EXAMENS

_____

_____

ACTIVITES AVEC DES AMIS

_____

_____

ACTIVITES INDEPENDANTES

_____

_____

PENDANT LES VACANCES D'ETE

_____

_____

CUEF

Centre Universitaire d'Etudes Françaises
Université Stendhal - Grenoble 3
BP 25 - 38040 Grenoble cedex 9
France
Tél. : 334 76 82 43 27 - 43 70
Fax : 334 76 82 41 15 - 43 90
Internet : www.u-grenoble3.fr/cuef/
Email : cuef@u-grenoble3.fr

Contact :
Director : Dominique Abry

*S*ituée au cœur du massif alpin, Grenoble a la particularité d'être la capitale des Alpes françaises et la ville la plus plate d'Europe.

Ville d'histoire, ville d'art et de culture, Grenoble est aussi une ville industrielle de haute technologie et surtout une ville universitaire de première importance avec 50 000 étudiants représentant 10 % de la population de l'agglomération grenobloise.

Le CUEF accueille chaque année environ 3 000 étudiants et stagiaires étrangers originaires de plus de 70 pays différents.

Cours et stages

Pendant l'été et l'année universitaire le CUEF organise les cours suivants :

Cours de langue :
- Cours intensifs de langue française : session de 4 semaines, 20 heures de cours/semaine.
- Cours de langue et de culture françaises.
- Passerelle pour l'université.

Cours intensifs à objectifs spécifiques :
- Préparation aux examens de la Chambre de Commerce et d'Industrie de Paris (CCIP) : CFP, CFTH, DFA$_1$, DFA$_2$
- Français du droit et de l'économie d'entreprise.
- Français des sciences.

Stages pédagogiques pour professeurs de français : formation continue ou initiale.

Certifications :
- Diplômes nationaux : DELF, DALF.
- Diplômes d'université : 1er, 2ème et 3ème degrés.
- Diplôme Supérieur d'Aptitude à l'enseignement du FLE (DSA).
- Validation d'acquis et de « crédits ».

Accueil, Hébergement, Loisirs

Hébergement : les étudiants ont le choix entre plusieurs formules : logement sur le campus dans des résidences universitaires, en foyers privés ou en famille.
Restauration : les étudiants peuvent prendre leurs repas dans les restaurants universitaires.
Loisirs : une équipe d'animateurs organise des excursions, des activités sportives (ski) et culturelles.

La rédaction par étapes
«Comment entrer à l'université, à la française et à l'américaine»

Etape 1: Préparation

Assimilation de précisions sur certains aspects de l'admission à l'université française et acquisition du vocabulaire spécialisé

Vous allez lire attentivement le passage qui suit. Il contient de nombreuses précisions sur la manière d'entrer à l'université en France.

Pour entrer à l'université en France

D'abord, il y a des places pour tous les bacheliers, mais la sélection existe quand même dès le départ; par exemple, les candidats au diplôme de langues étrangères appliquées ou d'activités physiques et sportives sont sélectionnés sur dossier ou après contrôle d'aptitude. Les premières années demandent plus de travail qu'on ne le dit et réussir son DEUG (Diplôme d'études universitaires générales) après deux ans n'est pas aisé. Continuer ses études au-delà d'une licence (après trois ans) ou d'une maîtrise (après quatre ans) non plus! La sélection en cours d'études existe!

En plus, il y a le problème de la sectorisation. Certaines universités n'acceptent que les étudiants de leur secteur géographique. On peut ajouter aussi que les universités les plus demandées, surtout parisiennes, ont des périodes d'inscription extrêmement courtes et que pour réussir à s'inscrire, il faut être rapide. Mais il y a des places ailleurs, et chacun trouve la sienne à la rentrée!

Adaptation du passage pour refléter la situation des élèves de *high school*

Adaptez maintenant ce passage à la situation d'un(e) élève de dernière année de *high school*. Ecrivez un passage similaire en expliquant ce qu'il faut faire pour entrer à l'université en Amérique.

_____
_____
_____
_____
_____
_____
_____
_____
_____
_____
_____
_____
_____
_____

Etape 2: S'exprimer par écrit
Rédaction sur certains aspects de l'admission à l'université américaine

Reprenez les détails du passage de l'*Etape 1* aussi bien que ceux de votre propre travail et écrivez 2 ou 3 paragraphes pour décrire le système aux U.S.A.

D'abord, pendant la dernière année de *high school*, il faut...

---

*If you have access to **Système-D** software, you will find the following information there.*

PHRASES	Expressing an opinion, sequencing events
VOCABULARY	University, calendar, professions
GRAMMAR	Subjunctive, impersonal **il**

Chapitre 9

La francophonie

Activités orales

Perspectives

CD5-2 **A. Une Guadeloupéenne en France.** Listen carefully to the following conversation between Patrice and Maguy, a student from Guadeloupe studying in France. Then circle the letter of the choice that most appropriately completes each statement. You may listen to the passage as many times as necessary.

1. Maguy est en France...

    a. parce qu'elle est née à Montpellier.

    b. parce qu'elle travaille au Ministère de l'Education nationale.

    c. parce qu'elle est inscrite dans une université française.

2. Maguy a passé le bac français...

    a. à la Guadeloupe.

    b. à l'Université Paul Valéry.

    c. dans un lycée de Montpellier.

3. La Guadeloupe est un pays...

    a. dont les habitants ont la nationalité française.

    b. où il y a une grande université.

    c. dont la langue officielle est le créole.

4. Les Guadeloupéens viennent en France...

    a. pour apprendre à parler français.

    b. pour faire des études universitaires.

    c. pour obtenir la nationalité française.

5. Patrice pense...

    a. que les Guadeloupéens parlent français sans accent.

    b. que les Guadeloupéens parlent anglais.

    c. qu'il a besoin de voyager dans les pays de la francophonie.

Vocabulaire actif

CD5-3 **B.** **Interrogation de vocabulaire et de géographie.** You will hear a series of questions and incomplete statements about the Francophone world. Write your answers in the spaces provided. There may be more than one correct answer for some questions.

> MODELE   YOU HEAR: Une personne qui parle anglais est...
> YOU WRITE: *anglophone*

1. _____   5. _____

2. _____   6. _____

3. _____   7. _____

4. _____   8. _____

CD5-4 **C.** **Qu'est-ce qui ne va pas?** You will hear some word groups containing four words each. Within each group, three words share a logical link. Listen carefully to each group. Then write down the three words that have something in common. Each group will be said three times to give you a chance to write down your response.

> MODELE   YOU HEAR: la France, la Belgique, l'Algérie, la Suisse
> YOU WRITE: *la France, la Belgique, la Suisse*

1. _____   _____   _____

2. _____   _____   _____

3. _____   _____   _____

4. _____   _____   _____

5. _____   _____   _____

6. _____   _____   _____

CD5-5 **D.** **La présence française en Amérique du Nord.** French influence is found in many parts of North America. The following passage will be read three times. During the first reading, listen to the text—do not write. During the second reading, fill in the blanks with the words that you hear. Finally, during the third reading, check your work and fill in any words you may have missed.

_____ des Français en Amérique remonte au seizième _____. C'est au Canada que

la France _____ sa première _____ outre-Atlantique. Bien que le _____

n'appartienne plus à la France, c'est dans cette région qu'habitent aujourd'hui six millions de _____.

Aux Etats-Unis, _____ de la culture française est évidente en _____, en _____

et dans les autres régions où les Français _____ un rôle historique. Il est toujours _____

pourquoi une personne ou une ville porte un nom français. C'est aussi une façon de comprendre l'expansion

du français dans le monde.

Structures

CD5-6 E. Préférences personnelles. Answer the questions, using the cues provided. Be sure to use the appropriate preposition, when necessary.

> MODELE   YOU HEAR: Est-ce que Gilles fait du ski nautique?
> YOU SEE: Gilles / apprendre
> YOU SAY: *Gilles apprend à faire du ski nautique.*

1. Alice / adorer
2. Claudine / vouloir
3. Yves / avoir peur
4. Raoul / commencer
5. Janine / s'amuser
6. Thérèse / décider (**passé composé**)
7. Fernand / désirer
8. mes parents / venir
9. je / devoir
10. mon frère / hésiter

CD5-7 F. Le tour du monde. You are telling a French friend about your grandparents, who retired last year and took a trip around the world. Following the model, recreate their odyssey. Use the appropriate prepositions.

> MODELE   D'abord, ils sont allés en Italie.
> YOU HEAR: Et d'Italie?
> YOU SEE: la Suisse
> YOU SAY: *D'Italie, ils sont allés en Suisse.*

1. le Danemark
2. la Pologne
3. Moscou
4. la Grèce
5. le Maroc
6. Dakar
7. le Congo
8. le Brésil
9. le Mexique
10. le Canada

CD5-8 **G. Un voyage imaginaire.** Answer the following questions about an imaginary trip. Supply the appropriate prepositions when necessary.

> MODELE   YOU HEAR: Où est-ce que vous allez?
> YOU SEE: Europe
> YOU SAY: *Je vais en Europe.*

1. printemps / ou / été
2. avion
3. France / Allemagne / Danemark
4. train
5. Paris / Chartres / Copenhague
6. Paris
7. oui / ma famille et / mes amis
8. parler aux Français
9. mieux parler le français

CD5-9 **H. La Martinique.** Your friend, who has just returned from Martinique, is showing you slides of the trip. Using the pronoun **dont**, combine each pair of statements into one sentence.

> MODELE   YOU HEAR: Voilà le pays. Nous parlions de ce pays.
> YOU SAY: *Voilà le pays dont nous parlions.*

1. C'est notre hôtel. Je vous ai parlé de cet hôtel.
2. Voilà un ami. La sœur de cet ami est médecin.
3. Voilà la plage. Je vais me souvenir de cette plage.
4. C'était un beau voyage. J'avais besoin d'un beau voyage.

CD5-10 **I. Sois plus précis, s'il te plaît.** You are talking with a friend and wish that he would be a little more precise. For each statement, ask a follow-up question, using the cue provided. Always begin your question with the cue.

> MODELE   YOU HEAR: J'ai téléphoné à ma cousine.
> YOU SEE: Où habite la cousine...
> YOU SAY: *Où habite la cousine à qui tu as téléphoné?*

1. As-tu aimé les conférences...
2. Aimes-tu le prof...
3. Où est le magasin...
4. Où habite l'ami...
5. Où est le billet de dix euros...

Pratique

CD5-11 J. You are doing a summer internship in France in a small family-owned business. When you return from lunch you find a message on the answering machine. Write down the message for your employer. Be as detailed as possible.

Télé-Pratic

Le _____ à _____ heures _____

Pour M _____

Pendant que vous n'étiez pas là,

M _____

_____

Tél. _____

a téléphoné ❏   est passé(e) vous voir ❏

   demande de le (la) rappeler ❏

   vous rappellera ❏

   désire un rendez-vous ❏

   a laissé ce message: ❏

_____

_____

_____

_____

_____

CD5-12 **K. Les anciennes colonies de la France.** Listen carefully to the following conversation between Nathalie and André. Then indicate whether each statement is true (**vrai**) or false (**faux**) by writing **V** or **F.** You may listen to the passage as many times as necessary.

_____ 1. André a déjà posé à Nathalie des questions sur l'Amérique.

_____ 2. La France a toujours d'importantes colonies en Afrique.

_____ 3. Il n'y a plus d'influence française dans les anciennes colonies.

_____ 4. La majorité des Arabes en France sont venus chercher du travail.

_____ 5. Souvent, les étudiants arabes ne parlent pas français.

_____ 6. Il y a des universités en Afrique où les cours sont en français.

CD5-13 **L. A l'aéroport.** Listen carefully to the following conversation in which two friends discuss their vacation plans. Then answer the questions. Reading the questions first will help you focus your reading.

1. Where does the conversation take place?

   _____

2. Where is each of the speakers going?

   _____

   _____

3. What do they each plan to see and do there?

   _____

   _____

4. Where does Catherine recommend that Françoise go while in the U.S.?

   _____

   _____

5. According to the announcement, from which gate will Françoise's flight leave?

   _____

   _____

Activités écrites

Structures et Vocabulaire actif

A. Un emploi très intéressant. Pendant votre séjour à Paris, vous faites la connaissance d'une jeune Française qui travaille pour une banque française au Togo. Complétez ses phrases en utilisant une préposition quand il le faut.

MODELE   Je tiens *à* profiter au maximum de cette expérience.

1. Je suis allée _____ travailler au Togo il y a deux ans.

2. J'ai toujours voulu _____ voyager et _____ voir le monde.

3. Je ne regrette pas _____ avoir pris cette décision.

4. Après six mois, je me suis habituée _____ vivre dans cette société.

5. J'essaie toujours _____ m'adapter à la culture indigène.

6. Je commence _____ apprendre _____ parler un peu le langage africain du pays.

7. J'ai réussi _____ me faire beaucoup d'amis parmi les employés de la banque.

8. Je peux encore _____ continuer _____ travailler deux ans au Togo.

9. Je pense _____ rentrer en France dans deux ans.

B. Votre expérience culturelle. Vous êtes depuis trois mois en France et vous écrivez une lettre à votre professeur de français. Complétez votre lettre par les prépositions convenables quand elles sont nécessaires.

Chère Madame (Cher Monsieur),

Me voici bien établi(e) _____ Nice. Je suis arrivé(e) _____ octobre et il est difficile _____ croire que _____ trois mois j'ai vécu et étudié _____ France. J'habite _____ des gens très gentils; ils ont une jolie maison _____ deux étages, _____ pierre comme la plupart des maisons dans la région. Il y a peu de maisons _____ bois ici _____ France.

Tout va très bien, mais il y a quand même des différences culturelles intéressantes. Dans cette famille, par exemple, on a une machine _____ laver, une machine _____ laver la vaisselle, un robot électrique, mais pas de sèche-linge. _____ sécher la lessive, on la met dehors où elle sèche _____ moins d'une heure. J'ai aussi remarqué que les dames _____ Nice portent très souvent des robes _____ coton ou même _____ soie, des jeans et même des tee-shirts, mais presque jamais de shorts comme les femmes américaines dans les climats chauds. C'est difficile _____ croire, non? _____ cette famille, il y a une voiture, mais on se promène rarement _____ voiture. On va partout à pied et on voyage _____ le train. La semaine prochaine, par exemple, nous avons l'intention de prendre le train pour aller dans leur résidence secondaire _____ Saint-Paul-de-Vence _____ trois jours. La famille dîne très souvent _____ restaurant et au lieu d'inviter des amis _____ elle, tout le monde se donne rendez-vous _____ bistro. A propos de nourriture, cette famille mange très bien mais de façon assez différente de la mienne. Le matin, on prend une tasse _____ café et une tartine. La plupart des membres de cette famille ne peuvent pas rentrer _____ midi. Ils déjeunent en ville, mais tout le monde se retrouve à table le soir _____ huit heures pour prendre le souper, une omelette _____ jambon, par exemple, avec une salade _____ tomates, du pain, du fromage et un petit verre _____ vin.

Je me suis bien adapté(e) à ces habitudes françaises. L'année scolaire finit _____ juin; _____ six mois il va donc falloir m'habituer de nouveau aux coutumes américaines.

C. Les détails de la vie de tous les jours. Complétez chaque phrase par un nom en ajoutant une préposition si c'est nécessaire.

1. J'ai dû payer _____.

2. J'adore jouer _____.

3. J'ai besoin _____.

4. Avec mes copains, on parle _____.

5. Dans la vie, je cherche _____.

6. Je m'intéresse surtout _____.

7. Quelquefois, je me moque _____.

8. Je viens _____.

9. Hier, je pensais _____.

10. Je vais téléphoner _____.

D. Une maison intéressante. Bruno décrit la maison de ses grands-parents. Complétez sa description par les prépositions convenables.

Mes grands-parents ont bâti une maison _____ Corse. Cette maison se trouve _____ Ajaccio, la ville principale. Il est assez difficile _____ arriver _____ leur maison parce qu'elle est située _____ un bois, en haut d'une montagne. Mais _____ y arrivant, on constate que c'est vraiment quelque chose _____ voir. C'est une maison _____ deux étages, construite _____ bois et _____ briques, avec beaucoup de fenêtres _____ verre fumé _____ où il y a une vue splendide. On passe _____ la porte et on se trouve _____ l'intérieur d'une résidence très confortable. Il y a une salle _____ séjour, plusieurs chambres, deux salles _____ bain, une petite pièce avec la machine _____ laver. Il est impossible _____ décrire tous les aspects luxueux de cette maison. Et la nature est aussi très belle. _____ printemps et _____ été, il y a des fleurs et beaucoup de végétation. _____ hiver, il fait toujours beau. Ils sont très près de Marseille; _____ quelques heures, ils peuvent y être et ils y vont souvent _____ bateau. Ils vont aussi _____ avion _____ Paris. A mon avis, c'est une vie idéale. J'espère un jour avoir l'occasion _____ mener le même genre de vie.

E. Et moi, j'habite... Votre ami(e) désire savoir quelle sorte de maison vous habitez. En utilisant le paragraphe précédent comme modèle, faites une description de votre maison ou de votre appartement. Faites surtout attention aux prépositions.

_____

_____

_____

_____

_____

_____

_____

_____

_____

_____

_____

_____

_____

_____

F. On a beaucoup voyagé. Un ami canadien vous écrit pour décrire un voyage qu'il vient de faire. Complétez la lettre de votre ami en ajoutant le participe présent ou l'infinitif du verbe entre parenthèses, selon le cas.

MODELE   Nous avions envie de (faire) *faire* un voyage.

1. En (regarder) _____ la carte, nous avons pris la décision de visiter la France et l'Afrique du Nord.

2. Nous avons pu voir beaucoup de jolis paysages en (aller) _____ de Paris à Marseille par le train.

3. C'est un voyage que nous n'avons pas pu faire sans (se fatiguer) _____.

4. En (partir) _____ de Marseille, on a commencé à (regarder) _____ de nouveau la carte.

5. Avant d'(aller) _____ en Tunisie, nous avons essayé d'(apprendre) _____ un peu d'arabe.

6. En (rentrer) _____, on a parlé de toutes les belles choses qu'on avait vues pendant les vacances.

7. Nous ne pouvions pas nous arrêter de (parler) _____ de notre voyage

G. Tiens, voilà Marianne. Vous êtes dans un restaurant avec des amis et vous voyez une copine qui dîne avec une personne que vous ne connaissez pas. Le groupe commence à parler de cette copine et de son ami. Traduisez le participe présent anglais par une construction appropriée en français.

1. Cette copine *(sitting)* _____ là-bas s'appelle Marianne.

2. Elle adore *(working)* _____ dans le magasin de CD dont je t'ai parlé.

3. Elle s'amuse à *(listening to)* _____ tous les nouveaux CD.

4. Je ne connais pas du tout le type *(eating dinner)* _____ avec elle.

5. Il parle beaucoup, il paraît, mais Marianne aime bien *(hearing)* _____ les histoires des autres.

6. Attention! Ils viennent. Ils risquent de nous *(seeing)* _____.

H. Un voyage au Sénégal. Votre professeur de français vient de faire un voyage au Sénégal pendant les vacances. Complétez la description de son voyage par les pronoms relatifs convenables. Ajoutez **ce** devant le pronom s'il n'y a pas d'antécédent exprimé.

Pendant notre visite du Sénégal, notre guide était une personne _____ m'a vraiment impressionné(e). Elle s'appelait Lucie et elle savait tout _____ était intéressant au sujet de chaque ville _____ nous visitions. La compagnie pour _____ elle travaillait s'appelait «Voyages Fantastiques», et c'est un nom _____ lui convenait. Les coutumes _____ Lucie nous a parlé, les curiosités _____ elle a montrées, les routes sur _____ elle nous a amenés, tout _____ elle nous a expliqué était, en effet, fantastique. Le chauffeur _____ conduisait notre car était, lui aussi, très amusant. Ils étaient tous les deux des gens avec _____ on était à l'aise. Tout le groupe avec _____ nous avons voyagé s'est beaucoup amusé, surtout grâce à Lucie, _____ n'a pas arrêté de bavarder avec nous. Ça a vraiment été une excursion _____ je vais me souvenir pendant longtemps.

I. Toujours en voyage. Votre professeur parle de tous ses voyages. Refaites les phrases suivantes en ajoutant les pronoms relatifs convenables.

1. J'ai souvent rêvé de ce pays. Nous avons visité ce pays.

   _____

2. Une grande fête dans ce pays, c'est mardi gras. Mardi gras a lieu en février.

   _____

3. Nous avons apporté le livre. Le guide l'a indiqué.

   _____

4. Voilà ma copine. J'ai voyagé avec cette copine.

   _____

5. Cette ville se trouve dans le Sahara. Le Sahara est en Afrique.

   _____

6. C'est un pays. Ma copine Chantal est partie de ce pays il y a longtemps.

   _____

7. J'ai souvent entendu parler de ce pays. Ce pays est l'un des pays les plus exotiques du monde.

   _____

8. Voilà le guide. Il a beaucoup contribué à rendre le voyage agréable.

   _____

9. Je suis très content(e) du voyage. J'ai fait ce voyage.

   _____

J. Mes opinions. Parlez de vous et de vos opinions en complétant chaque phrase par le pronom relatif convenable.

1. Paris est une ville _____.

2. Je vais voir un film _____.

3. Mon (Ma) prof de français est une personne _____.

4. Je préfère les émissions _____.

5. Ma famille demeure dans une ville _____.

6. Je suis des cours _____.

7. J'ai une amie _____.

8. Je suis le genre de personne _____.

9. Mon (Ma) camarade de chambre est une personne _____.

10. J'adore la cuisine _____.

11. Le pire moment de ma vie, ça a été le moment _____.

12. Je suis né(e) dans un endroit _____.

La francophonie en chiffres
Langue

Nombre de pays utilisant le français comme langue officielle ou usuelle: **55**. Soit une population de **500** millions d'habitants et plus du **quart** des pays membres des Nations Unies.

Nombre de personnes utilisant couramment le français: **113** millions
Nombre de personnes utilisant le français de façon occasionnelle dans l'espace francophone: **61** millions.
Nombre de personnes francisantes et apprenant le français, hors de l'espace francophone: **entre 100 et 110** millions.

L'Afrique comporte **11%** de francophones, devant l'Europe.

Les **10** pays où l'on trouve le plus de francophones: France métropolitaine, Algérie, Canada, Maroc, Belgique, Côte d'Ivoire, Tunisie, Cameroun, République démocratique du Congo et Suisse.

Le français est une des **6** langues officielles de l'ONU, et est avec l'anglais l'une des **2** langues de travail. **40%** des documents diffusés sur le site Internet (www.un.org) sont en français (contre **60%** en anglais).

Bruges, Belgique

Château Frontenac, Québec

Economie

Les pays membres de la francophonie représentent:
18% des échanges commerciaux internationaux
12% de la production mondiale

Internet

2,8% du contenu sur le Web est en français, contre **75%** en anglais.
80% des francophones consultent des sites en français.

Taken from *France-Amérique, Edition du Figaro*, du 9 au 15 mars 2002.

Un véritable enjeu: le multilinguisme

Jean Gazarian, directeur du secrétariat de l'Assemblée générale des Nations Unies pendant 25 ans, fut l'un des plus ardents défenseurs de la francophonie à l'ONU. "Une seule langue ne suffirait pas à exprimer

Palais des congrès, Marrakech, Maroc

les richesses de cultures très variées", confiait-il déjà en 1999 à *France-Amérique*. Ancien vice-président de l'Association culturelle francophone et fondateur de la bibliothèque de langue française de l'ONU qui comprend 5 000 volumes, Jean Gazarian nous parle de sujets qui lui tiennent à cœur: le multilinguisme et la francophonie au sein des instances de l'ONU.

Qu'est-ce que le terme "francophonie" désigne à vos yeux?

La francophonie est ce mouvement linguistique qui a connu son grand essor dans les années 60 avec la venue des pays africains au sein des Nations Unies après leur indépendance. De ce regroupement est née une "sagesse de se grouper" pour créer un élément de défense de droits communs que l'on peut nommer la francophonie. Mais la francophonie marque aussi une évolution politique qui a mis en place une solidarité politique entre les pays du sud.

La force de la francophonie repose sur son désir de respecter le caractère multilinguistique des relations internationales en s'efforçant de préserver la parité des deux langues de travail dans l'enceinte des Nations Unies. Cependant, il faut s'assurer qu'en se penchant sur le bilinguisme de cette institution, l'on n'exclue pas d'autres composantes linguistiques de forte importance aussi...

Quels obstacles majeurs la francophonie rencontre-t-elle?

Le premier obstacle est numérique: les états anglophones sont largement plus nombreux que les états francophones. Ainsi les documents originaux de l'Assemblée des Nations Unies sont rédigés en anglais et le travail de traduction est lent et altère la pensée anglophone d'origine. Par ailleurs, le militantisme francophone n'a pas assez la motivation et la force du militantisme des Canadiens francophones... Certains délégués francophones vont même jusqu'à délaisser le français en faveur de l'anglais! C'est une grande erreur d'abondonner sa langue dans les relations internationales...

Quel avenir de la francophonie à l'ONU anticipez-vous?

Je ne suis pas prophète mais j'imagine que la francophonie va se maintenir à son niveau actuel qui est un niveau ni satisfaisant ni déshonorant. La parité avec l'anglais ne sera jamais atteinte, cela est mathématiquement impossible. Cependant des efforts restent à fournir afin que le mouvement de soutien à la francophonie s'accélère: les délégués doivent avoir le feu sacré suffisant pour maintenir le flambeau de la francophonie.

J.C. (Julie Chéné)

Pratique culturelle

K. Questions de compréhension (1 à 3) et de recherche et discussion (4 à 5).

1. Combien de personnes parlent français couramment?

   _____

   _____

2. Pourquoi est-ce qu'il y a tant de documents (40%) diffusés en français sur le site Internet de l'ONU?

   _____

   _____

3. D'après l'ancien directeur du secrétariat de l'Assemblée générale des Nations Unies, Jean Gazarian, d'où vient cette importance du français à l'intérieur des Nations Unies?

   _____

   _____

4. Quels sont les obstacles pour ceux qui veulent maintenir la présence du français sur le plan international?

   _____

   _____

5. Choisissez un des dix pays où l'on trouve le plus grand nombre de francophones. Faites un portrait en chiffres du pays que vous avez choisi. Quels sont les chiffres importants?

   _____

   _____

La rédaction par étapes
«Le monde francophone»

Etape 1: Préparation
Assimilation de précisions et acquisition de vocabulaire sur un pays francophone

Choisissez un pays ou une région francophone dans la liste suivante:

l'Algérie, le Cameroun, la Côte d'Ivoire, le Gabon, la Guyanne française, le Maroc,
la Martinique, le Niger, la Polynésie française, le Sénégal, la Tunisie

Ensuite, cherchez les renseignements dans le tableau ci-dessous pour le pays ou la région que vous avez choisi(e).

MODELE   *le Burkina Faso*

1.	Nom des habitants	**a.**	Burkinabés
2.	Situation	**b.**	Afrique occidentale, 274 200 kilomètres carrés
3.	Population	**c.**	Environ 12 000 000 habitants: moins de 15 ans: 49,1%, plus de 65 ans: 3%. Population jeune.
4.	Ville capitale	**d.**	Ouagadougou. Population: 730 000 habitants
5.	Langues	**e.**	Français, langue officielle, et plus de 60 langues nationales pratiquées.
6.	Religions	**f.**	Croyances indigènes: 40%; Musulmans: 50%; Chrétiens: 10%
7.	Economie	**g.**	L'économie reste encore dépendante des transferts en provenance de l'extérieur (revenus des émigrés, aide internationale). L'encours de la dette est toutefois modéré (moins de 22 % du PNB en 1994) et le service de la dette demeure supportable (7 % des recettes d'exportation).
8.	Agriculture	**h.**	Production de millet, canne à sucre, maïs, riz, légumes et coton; élevage de poulets, chèvres, bovins, moutons, etc.
9.	Industrie	**i.**	Minoteries *(flour milling),* textiles, sucreries, huileries, cigarettes
10.	Commerce	**j.**	Exportation de coton, d'or, de produits d'élevages vers la Côte d'Ivoire, la France, l'Italie et la Thaïlande. Importation de céréales, produits pétroliers, produits chimiques, véhicules routiers, machines, etc., de France, de Côte d'Ivoire, du Togo, du Nigéria et des Etats-Unis.

Note: Données encyclopédiques, copyright © 2001 Hachette Multimédia / Hachette Livre, tous droits réservés

Etape 2: S'exprimer par ecrit

Rédaction d'une dissertation

Vous écrivez une dissertation sur votre pays ou région francophone. Faites un portrait narratif du pays. Ajoutez des détails et situez la région sur une carte du monde. Identifiez les autres pays qui partagent une frontière naturelle ou politique avec le pays ou la région que vous avez choisi(e).

---

*If you have access to **Système-D** software, you will find the following information there.*

PHRASES	Describing people, describing weather, comparing and contrasting
VOCABULARY	Continents, countries, animals, food, materials, nationality, trades, occupations
GRAMMAR	Prepositions with places, relative pronouns **qui** and **que**

Chapitre 10

Découvrir et se découvrir

Activités orales

Perspectives

CD5-14 **A. Dans une agence de voyages.** Listen carefully to the following conversation between Mireille and a travel agent. Then circle the letter of the choice that best answers each question. You may listen to the conversation as many times as necessary.

1. Pourquoi Mireille se trouve-t-elle dans une agence de voyages?

   a. Elle voudrait acheter un billet d'avion pour les Etats-Unis.

   b. Elle se renseigne sur les billets d'avion et de train pour Bruxelles.

   c. Elle a décidé de prendre le train pour se rendre en Belgique.

2. Quel avantage la carte d'étudiante offre-t-elle à Mireille?

   a. Mireille peut bénéficier d'un moyen de transport sans payer.

   b. Mireille peut calculer elle-même le prix du billet.

   c. Mireille peut payer son billet moins cher.

3. Qu'est-ce qui se passe si on prend le train pour aller de Montpellier à Bruxelles?

   a. Il faut changer de gare à Paris.

   b. On arrive à la gare du Nord et on repart de la gare de Lyon.

   c. Il n'y a pas d'arrêt entre Montpellier et Bruxelles.

4. Que fera l'employé de l'agence de voyages?

   a. Il préparera tout de suite le billet de Mireille.

   b. Il préparera deux itinéraires possibles.

   c. Il décidera pour Mireille.

Vocabulaire actif

CD5-15 **B. Interrogation de vocabulaire.** For each vocabulary item you hear, check the appropriate category. Each term will be said twice.

> **MODELE**   YOU HEAR: un pneu
> YOU MARK: *VOITURE*

VOITURE	ACTIVITES	AGENCE DE VOYAGES
1. _____	_____	_____
2. _____	_____	_____
3. _____	_____	_____
4. _____	_____	_____
5. _____	_____	_____
6. _____	_____	_____
7. _____	_____	_____
8. _____	_____	_____
9. _____	_____	_____
10. _____	_____	_____

CD5-16 **C. Le droit aux vacances.** The amount of yearly vacation one earns in the workplace varies from one country to another. The following passage will be read three times. During the first reading, listen to the text—do not write. During the second reading, fill in the blanks with the words that you hear. Finally, during the third reading, check your work and fill in any words you may have missed.

Chez les Français, _____, mais le seront-elles dans dix ans?

Actuellement, les salariés français ont droit à _____ par an. En Allemagne,

_____. Peut-être faudra-t-il que les _____

établissent un nouvel équilibre _____. Elles pourront ainsi trouver

_____. Mais qu'auront-elles fait pour _____?

Nom _____ Date _____

Structures

CD5-17 **D. L'itinéraire.** You have just received an abbreviated itinerary of your upcoming trip to France. Use the itinerary to answer your friend's questions.

> MODELE YOU HEAR: Quand est-ce que tu partiras?
> YOU SEE: le cinq juin
> YOU SAY: *Je partirai le cinq juin.*

(Items 1–10)

DATE	POINT DE DEPART/ DESTINATION	DEPART	ARRIVEE	MOYEN DE TRANSPORT	VISITES
le 5 juin	New York-Paris	6 h	19 h	avion Air France	Notre-Dame le Louvre la tour Eiffel
le 21 juillet	Paris-Chartres	9 h	9 h 45	autocar	la cathédrale
le 3 août	Paris-Nice	5 h	11 h	train	••••••••••••••
le 15 août	Paris-New York	7 h	9 h	avion Air France	••••••••••••••

CD5-18 **E. Et après l'université?** A friend of Thierry's is asking him about what he plans to do after graduating from the university this year. Play the role of Thierry and answer his friend's questions affirmatively.

> MODELE YOU HEAR: Prendras-tu un poste de prof d'anglais, si c'est possible?
> YOU SAY: *Oui, je prendrai un poste de prof d'anglais, si c'est possible.*

(Items 1–5)

CD5-19 **F. Que feriez-vous?** Imagine what you would do if you inherited 100 million dollars, with the stipulation that you must spend half of it on others (not counting family and friends). Explain what you would do with the money, using the cues provided.

> MODELE YOU HEAR: Si vous aviez assez d'argent, que feriez-vous?
> YOU SEE: construire des maisons pour les pauvres
> YOU SAY: *Si j'avais assez d'argent, je construirais des maisons pour les pauvres.*

1. aider à protéger l'environnement
2. développer un système pour assurer de la nourriture pour les pauvres
3. contribuer à la recherche médicale
4. travailler pour changer le système médical dans ce pays
5. organiser des programmes d'échanges pour améliorer les rapports internationaux
6. créer de nouvelles bourses pour les étudiants

CD5-20 **G. Pourriez-vous m'aider?** Beth, who has been studying in France this year, wants to ask her landlady for help in arranging a trip to London. Help Beth by changing her requests to the conditional to be more polite.

> MODELE YOU HEAR: Venez-vous avec moi?
> YOU SAY: *Viendriez-vous avec moi?*

(Items 1–6)

CD5-21 **H. Une vie différente.** What would you have done if you had not chosen to go to college? How might your life have been different? Suggest some of the possibilities, using the cues provided.

> MODELE YOU HEAR: Qu'est-ce que tu aurais fait si tu n'étais pas allé(e) à l'université?
> YOU HEAR: travailler pour mon oncle
> YOU SAY: *J'aurais peut-être travaillé pour mon oncle.*

1. chercher un poste à la banque
2. me marier
3. travailler dans une boutique
4. entrer dans le Corps de la Paix
5. faire une carrière dans le cinéma
6. devenir écrivain

Pratique

CD5-22 **I.** You are doing a summer internship in France in a small family-owned business. When you return from lunch you find a message on the answering machine. Write down the message for your employer. Be as detailed as possible.

Télé-Pratic

Le _____ à _____ heures _____

Pour M _____

Pendant que vous n'étiez pas là,

M _____

_____

Tél. _____

a téléphoné ❑   est passé(e) vous voir ❑
   demande de le (la) rappeler ❑
   vous rappellera ❑
   désire un rendez-vous ❑
   a laissé ce message: ❑

_____

_____

_____

_____

_____

CD5-23 **J. Nous allons faire du camping.** Listen carefully to the following conversation between Sophie and Luc. Then circle the letter of the choice that most appropriately completes each statement. You may listen to the conversation as many times as necessary.

1. Sophie, Luc et leurs copains...

   a. vont passer le week-end à Cannes.

   b. iront faire du camping à la montagne.

   c. habitent sur la Côte près de Cannes.

2. Le groupe sera composé...

   a. d'une dizaine d'élèves du lycée.

   b. d'environ cinq élèves du lycée et cinq étudiants de l'université.

   c. de Sophie, Luc et Philippe.

3. Il faut du temps pour se rendre au terrain de camping...

   a. parce qu'il est à sept heures et demie de Cannes.

   b. parce qu'il est à trois heures de la montagne.

   c. parce qu'il est à trois heures de chez Luc.

4. Le groupe a l'intention...

   a. de faire de longues excursions l'après-midi.

   b. de voyager la nuit.

   c. de dormir sans difficulté pendant les randonnées.

CD5-24 **K. La fin du semestre.** Listen carefully to the following conversation in which three friends plan a celebration for the end of the semester. Then answer the questions. Reading the questions first will help focus your listening.

1. When does the conversation take place?

   _____

2. When and where will the celebration take place?

   _____

3. Who will be invited?

   _____

4. Will it be expensive to rent the room for the party? Why or why not?

   _____

5. What are the disadvantages of a "potluck" gathering?

   _____

6. Finally, they decide to divide the preparations for the party. Who will do what?

   _____

Activités écrites

Structures **et** *Vocabulaire actif*

A. Vos projets d'été. L'étudiant(e) français(e) qui passe l'année scolaire dans votre université vous interroge sur vos projets de vacances. Complétez ses questions en mettant les verbes entre parenthèses au futur. Ensuite, répondez aux questions.

MODELE   Quand est-ce que les cours (finir) *finiront?*
          Ils finiront en mai.

1. Est-ce que tu (recevoir) _____ ton diplôme en mai?

   _____

2. Tes camarades de chambre et toi, combien de temps est-ce que vous (rester) _____ sur le campus après la cérémonie de fin d'année?

   _____

3. Est-ce que tes parents (venir) _____ te chercher?

   _____

4. Tu (faire) _____ un voyage pendant l'été?

   _____

5. Quand tu (aller) _____ en France, (venir) _____-tu me voir?

   _____

6. Après t'être un peu détendu(e), (travailler) _____ -tu pendant l'été?

   _____

7. Qu'est-ce que tu (avoir) _____ à faire en septembre?

   _____

8. Et tes copains, que (faire) _____-ils pendant l'été?

   _____

9. Quand tu (avoir) _____ le temps, tu m'(écrire) _____, d'accord?

   _____

B. Que feras-tu? Votre ami français vous dit qu'il va bientôt passer son bac. Complétez les questions que vous lui posez sur son bac et son avenir en employant le futur.

1. Quand _____?

2. Est-ce que cet examen _____?

3. Est-ce que tu _____?

4. Où _____?

5. Est-ce que tes parents _____?

6. Qui _____?

7. Après que les examens _____?

8. A quelle université _____?

C. Notre examen. Votre professeur annonce que l'examen de fin d'année est prêt, et la classe veut lui poser des questions à ce sujet. Choisissez des termes de la liste suivante et former des questions au futur.

avoir lieu	un amphithéâtre / une salle de classe
être	les travaux pratiques
s'agir de	une moyenne
traiter	un polycopié
consulter	l'examen oral
étudier	l'examen écrit
commencer	les derniers devoirs
terminer	la note finale
apprendre par cœur	le repêchage

1. _____

2. _____

3. _____

4. _____

5. _____

6. _____

7. _____

8. _____

D. Tu feras un voyage? Une copine vous dit qu'elle va faire un voyage en France l'été prochain. Complétez au futur les questions que vous lui posez sur son voyage.

1. En quel mois _____?

2. Comment _____?

3. Où _____?

4. Dans quelles villes _____?

5. Pour combien de temps _____?

6. Avec qui _____?

E. A la remise des diplômes. Vous rêvez de ce grand jour avec un groupe d'amis. Imaginez ce que vous ferez et formez des phrases qui commencent par **quand.**

MODELE   quand le grand jour / arriver
Quand le grand jour arrivera, je serai de très bonne humeur.

1. quand je / recevoir mon diplôme

_____

2. quand le président de l'université / faire son discours

_____

3. quand le photographe / prendre une photo des étudiants

_____

4. quand mes parents / me féliciter

_____

F. Dans cinq ans... Composez six phrases au futur pour décrire votre vie dans cinq ans.

_____

_____

_____

_____

_____

_____

_____

G. Une interview importante. Pendant votre interview avec une entreprise qui a des succursales en France, vous devez parler pendant quelques minutes avec le chef du personnel français. Répondez à ses questions par des phrases complètes.

> MODELE   Si vous preniez ce poste, où voudriez-vous travailler?
> *Je voudrais travailler à Lyon.*

1. Seriez-vous prêt(e) à vivre et à travailler en France?

   _____

2. Partiriez-vous tout de suite?

   _____

3. Quel salaire aimeriez-vous avoir?

   _____

4. Voyageriez-vous pour l'entreprise, si c'était nécessaire?

   _____

5. Où est-ce que vous iriez avec plaisir? (les pays et régions francophones) Où est-ce que vous n'accepteriez pas de voyager pour l'entreprise?

   _____

6. Est-ce que vous préféreriez travailler seul(e) ou en groupe?

   _____

7. Est-ce que je devrais vous envoyer des renseignements supplémentaires? Lesquels?

   _____

8. Auriez-vous la possibilité de commencer tout de suite à travailler?

   _____

9. Quand pourriez-vous me donner votre réponse?

   _____

H. Une vie très différente. Il y a toujours des choses dans la vie qu'on aurait pu faire autrement. Complétez les phrases suivantes par le plus-que-parfait ou le passé du conditionnel, selon le cas.

> MODELE   Si j'étais né(e) il y a cinquante ans, *je ne serais pas allé(e) à l'université.*
> *J'aurais travaillé dans une usine.*

1. Si on m'avait donné un million de dollars, je _____.

2. Si mes parents me l'avaient permis, je _____.

3. Si j'avais voulu, je _____.

4. J'aurais changé d'université si je _____.

5. Si je n'avais pas étudié le français, je _____.

I. Si... Imaginez votre vie et complétez les phrases suivantes en utilisant le présent ou le passé du conditionnel.

MODELE   Si j'avais le temps (travailler)
          Si j'avais le temps, *je travaillerais pour une organisation qui aide les gens sans domicile.*

1. Si j'allais en France (voir)

   _____

2. Si je pouvais (faire)

   _____

3. Si j'organisais une soirée (inviter)

   _____

4. Si j'étais millionnaire (acheter)

   _____

5. Si je quittais cette ville (habiter)

   _____

6. Si j'étais avec des amis (aller)

   _____

7. Si j'avais des ennuis (téléphoner)

   _____

8. Si je voyageais en France (visiter)

   _____

J. Qu'est-ce qui se passerait... Pour chaque situation, posez une question en employant les termes suggérés et le présent ou le passé du conditionnel.

> MODELE   Votre copain a peur d'échouer à son examen de maths.
> Si tu (rater) *rates l'examen, est-ce que tu devras reprendre ce cours l'année prochaine?*

1. Vous êtes dans le métro à Paris et vous voulez déterminer la façon la plus économique d'acheter un ticket.

   Si on (acheter) _____?

2. Vous êtes à Paris et vous voulez décider s'il faut prendre le train ou l'avion pour aller à Marseille.

   Si je (prendre) _____?

3. Vous parlez à votre professeur de votre note finale dans son cours.

   Si je (avoir) _____?

4. Dans un hôtel à Paris, vous cherchez à avoir un prix spécial pour votre chambre.

   Si nous (aller) _____?

5. Vous êtes dans un marché en France et vous voulez déterminer le prix le plus avantageux pour les fruits que vous cherchez.

   Si on (acheter) _____?

6. Vous êtes dans une gare à Paris et vous essayez de décider s'il vaut mieux prendre une couchette.

   Si je (prendre) _____?

7. Vous êtes chez le garagiste et vous voulez déterminer le travail qu'il y a à faire sur votre voiture.

   Si je (faire) _____?

8. Vous allez passer un semestre en France et vous essayez de décider si vous voulez habiter avec une famille ou à la cité universitaire.

   Si je (habiter) _____?

9. Vous parlez à votre conseiller pédagogique à propos des cours que vous voulez suivre le semestre prochain.

   Si je (suivre) _____?

K. La vie idéale. Vous avez parlé de votre vie dans cinq ans dans l'*Activité F*. Parlez maintenant de votre vie idéale en utilisant le conditionnel.

_____

_____

_____

_____

_____

_____

_____

_____

_____

_____

_____

_____

_____

_____

_____

_____

_____

_____

_____

L. Dans une agence de voyages. Après votre année scolaire à Nice, vous allez faire le tour de la France. L'agent de voyages s'adresse à vous. Complétez ses phrases par le temps convenable des verbes entre parenthèses.

MODELE   Il est certain que, quand vous serez de retour à Nice, vous (avoir) *aurez* besoin d'un peu de repos.

1. Quand le semestre (se terminer) _____, serez-vous libre de partir tout de suite?

2. Si vous étiez libre dès le 20 juin, (vouloir) _____-vous partir le 21?

3. Dès que vous (arriver) _____ à Marseille, on aura une voiture de location réservée à votre nom.

4. Si vous le (pouvoir) _____, aimeriez-vous visiter Carcassonne?

5. Quand vous passerez par la ville d'Albi, (aller) _____-vous à la cathédrale?

6. Quand vous visiterez la Bretagne et la Normandie, vous (faire) _____ des promenades en bateau.

7. En allant de Rouen vers Reims, si vous le (pouvoir) _____, vous devriez visiter la cathédrale d'Amiens.

8. A Reims, vous aurez l'occasion de goûter du champagne quand vous (faire) _____ la visite des caves.

9. Si je (pouvoir) _____ arranger une excursion, ça vous tenterait de visiter les champs de bataille de la Grande Guerre?

10. Quand vous (être) _____ à Strasbourg, il sera très facile de faire une petite excursion en Allemagne.

11. A Grenoble, si vous étiez arrivé(e) en mars ou même en avril, vous (pouvoir) _____ encore faire du ski.

12. Quand vous serez à Grenoble, vous (visiter) _____ Albertville, le site des jeux Olympiques d'hiver de 1992.

13. Alors, si vous (rentrer) _____ à Nice vers le premier août, disons, est-ce que vous (partir) _____ tout de suite pour les Etats-Unis?

Nom _____ Date _____

M. Quelques voyages. Décrivez ces trois voyages en donnant les détails suivants.

la date de départ   la durée du trajet et du séjour
la destination   l'hôtel
les préparatifs   les curiosités et les activités
le moyen de transport   la date de retour

1. mon dernier voyage

_____

_____

_____

_____

2. mon prochain voyage

_____

_____

_____

_____

3. mon voyage idéal

_____

_____

_____

_____

Pratique culturelle

N. Bienvenue en Tunisie! Lisez le texte et regardez les photos à la page précédente. Ensuite répondez aux questions suivantes.

1. Qu'est-ce que c'est que "8 à Huit"?

   _____

2. Expliquez l'importance de "25 ans" dans cette publicité.

   _____

   _____

3. Qu'est-ce que c'est qu'un toboggan géant? des planches à voiles? le tir à l'arc?

   _____

4. Si vous aviez l'occasion de passer des vacances à l'Hôtel Club Vénus, que feriez-vous? Quelles activités choisiriez-vous? Pourquoi?

   _____

   _____

5. Cette publicité, à qui est-elle destinée? Comment le savez-vous?

   _____

   _____

La rédaction par étapes
«Voyager en France»

Etape 1: Préparation

Développement du vocabulaire pratique pour parler des préparatifs de voyage

Vous préparerez, par étapes, une dissertation de deux pages sur le sujet: «Si, un jour, j'ai l'occasion de voyager en France, voici ce que je ferai» (ou «Si, un jour, j'avais l'occasion de voyager en France, voici ce que je ferais»). Réfléchissez au sujet, puis établissez le vocabulaire dont vous aurez besoin pour en parler. Faites un petit lexique spécialisé qui se rapporte, par exemple, aux préparatifs de voyage, aux conditions du séjour (où dormir, où manger, où aller, etc.), aux activités touristiques...

Organisation d'un plan de travail

Faites un plan détaillé de ce que vous allez écrire. Vérifiez la structure de vos idées et le développement logique du sujet.

Rédaction progressive des paragraphes de la dissertation

Commencez la rédaction de la dissertation, en travaillant au niveau du paragraphe. Ne faites aucun effort pour tout écrire en même temps. Quand vous aurez lu et relu le paragraphe que vous venez de rédiger, réfléchissez à la meilleure façon d'assurer la transition entre celui-ci et le prochain. Cherchez un mot, une notion qui va vous permettre de continuer votre pensée d'une façon fluide.

Etape 2: S'exprimer par écrit

La mise au point

La première rédaction terminée, relisez d'un œil critique l'ensemble de ce que vous venez d'écrire. Soyez attentif(-ive) aux «bêtises» telles que les fautes de genre, d'accord, de concordance des temps, etc.

Le professeur pourra vous demander d'échanger votre copie avec celle d'un(e) camarade de classe. Si c'est le cas, profitez de la critique qu'on en fera afin d'améliorer votre dissertation au cours d'une deuxième rédaction.

---

*If you have access to **Système-D** software, you will find the following information there.*

PHRASES	Hypothesizing
VOCABULARY	Stores, restaurant, means of transportation
GRAMMAR	Future tense, future past, conditional, sequence of tenses with **si**
